科学家名人传记丛书

哥白尼

伟大的业余天文学家

The great amateur astronomer

Copernicus

傅德岷 主编

上海科学技术文献出版社
Shanghai Scientific and Technological Literature Press

图书在版编目(CIP)数据

哥白尼:伟大的业余天文学家/傅德岷主编. —上海:上海科学技术文献出版社, 2021
ISBN 978-7-5439-8384-7

Ⅰ. ①哥… Ⅱ. ①傅… Ⅲ. ①哥白尼(Copernicus, Nicolaus 1473—1543)—传记—青少年读物
Ⅳ. ①K835.136.14-49

中国版本图书馆 CIP 数据核字(2021)第 144477 号

策划编辑:张　树
责任编辑:黄婉清

哥白尼:伟大的业余天文学家

傅德岷　主编

*

上海科学技术文献出版社出版发行
(上海市长乐路 746 号　邮政编码 200040)
全 国 新 华 书 店 经 销
四川省南方印务有限公司印刷

*

开本 650×900　1/16　印张 10.75　字数 215 000
2021 年 8 月第 1 版　　2021 年 8 月第 1 次印刷
ISBN 978-7-5439-8384-7
定价:39.80 元
http://www.sstlp.com

前　言

尼古拉·哥白尼1473年2月19日出生于波兰维斯瓦河畔托伦市的一个富裕家庭。18岁时就读于波兰的克拉科夫大学，学习医学期间对天文学产生了兴趣。1496年，24岁的哥白尼来到文艺复兴的发源地意大利，在博洛尼亚大学和帕多瓦大学攻读法律、医学和神学，博洛尼亚大学的天文学家诺瓦拉对哥白尼影响极大。在他那里，哥白尼学到了天文观测技术以及希腊的天文学理论。后来，哥白尼在费拉拉大学获宗教法博士学位。

在意大利期间，哥白尼熟悉了希腊哲学家阿里斯塔克斯（公元前3世纪）的学说，确信地球和其他行星都围绕太阳运转（即“日心说”）是正确的。在大约40岁时，他开始在朋友中散播一份简短的手稿，初步阐述了他自己对日心说的看法。哥白尼经过长年的观察和计算，终于完成了他的伟大著作《天体运行论》。他在《天体运行论》中观测计算所得数值的精确度是惊人的。例如，他测算恒星年的时间为365天6小时9分40秒，比现在的精确值多约30秒，误差只有百万分之一；他测得月亮到地球的平均距离是地球半径的60.30倍，和现在的60.27倍相比，误差只有万分之五。

1533年，61岁的哥白尼在罗马作了一系列的讲演，提出了其学说的要点，并未遭到教皇的反对，但是他却害怕教会会反对。甚至在他的书完稿后，还是迟迟不敢发表。直到他临近古稀之年，才终于决定将它出版。1543 年 5 月 24 日，垂危的哥白尼才在病榻上收到出版商从纽伦堡寄来的《天体运行论》样书。他只摸了摸书的封面，便与世长辞了！

在书中，他正确地论述了地球绕其轴心自转、月亮绕地球公转、地球和其他所有行星都绕太阳公转的事实。但是他也和前人一样严重低估了太阳系的规模。他认为星体运行的轨道是一系列的同心圆，这当然是错误的。他的学说里的数学运算很复杂也很不准确。但是他的书立即引发了众多关注，驱使一些天文学家对行星运动进行更为准确的观察，其中最著名的包括丹麦伟大的天文学家第谷·布拉赫。开普勒就是根据布拉赫积累的观察资料，最终推导出了星体运行的正确规律。

哥白尼的学说是人类对宇宙认识的革命，它使人们的整个世界观都发生了重大变化。哥白尼的书对伽利略和开普勒的工作是一个不可缺少的准备。后二者又成了牛顿的主要前辈，是他们的发现才使牛顿有能力确定运动定律和万有引力定律。

从历史的角度来看，《天体运行论》是当代天文学的起点——当然也是现代科学的起点。

目　录

第一篇 学习生涯

人的天职在勇于探索真理。

——哥白尼

童年生活

在距波兰华沙西北约 213 公里的地方，坐落着一座美丽的城市——托伦，这就是伟大的天文学家尼古拉·哥白尼的故乡。

托伦是一座富裕的城市，商业和手工业相当发达。波兰第一大河——维斯瓦河紧贴着托伦城边流过，把它同华沙、克拉科夫以及北方的格但斯克连成一线，每天都有大量粮食和其他货物从托伦沿维斯瓦河运到海港格但斯克出口。发达的航运业使托伦迅速富裕起来。伴随经济的发展，托伦的政治地位也得到不断提高。

在哥白尼出生之前，托伦曾长期处于条顿骑士团的统治之下。后来，托伦人不堪压迫，和其他城市的市民一起掀起了反抗骑士团的斗争。他们向波兰国王卡齐米日四世·雅盖隆契克提出请求，请求他解放被骑士团占领的地区。于是，波兰历史上长达十三年之久的战争爆发了。最后，十三年战争以1466年签订《第二次托伦和约》而宣告结束，格但斯克沿海地区又回到了波兰的怀抱，同时瓦尔米亚也并入了波兰版图。鉴于托伦人民的特殊贡献和托伦所处的经济地位，几代波兰国王先后授予托伦一些特殊权利。托伦不仅和克拉科夫、弗罗茨瓦夫、格但斯克等波兰大城市保持着密切的经济联系，而且和欧洲的许多外国城市保持着频繁的贸易往来。

在哥白尼生活的时期，托伦市的人口大约15 000，其中约有三分之一居住在城外：在城内的中心市场周围居住着有钱有势的显赫人家，贫民则主要聚居在城外。居住在城外的这些贫民常常遭受强盗、匪徒的袭击和掠夺。15世纪的托伦由古城与在其旁边建成的新城两部分组成。两个城区以条顿骑士团城堡作为分界线，这座城堡于1454年被反抗条顿骑士团的起义者摧毁。

哥白尼出生在托伦古城圣安娜街上的一栋狭窄的三层楼房子里，每一层的正面开有三个窗户。这栋房子离维斯瓦河的码头很近，小哥白尼从自家窗口便能看到维斯瓦河里来往穿梭的船只。这些船有的满载粮食、蜂蜜、柏油、石蜡、铜和裘皮驶向格但斯克港，有的则从格但斯克返回。返航的船舶装载的多是鲱鱼、海盐、衣料，还有来自阿拉伯国家的货物。这条繁忙的河道里还时常有伐木工人流放的木排。托伦不仅是波兰和当时的友好国家匈牙利的货物转运港，也是德意志地区、斯堪的纳维亚国家、英国和意大利的货物转运港。托伦商人的足迹遍布欧洲。

和克拉科夫、格但斯克和埃尔布隆格一样，托伦加入了北欧诸城市建立的汉萨同盟，该同盟的宗旨主要是维护自身的贸易特权。15 世纪上半叶，托伦达到鼎盛时期，成为一座强大和富裕的城市。少年时期的哥白尼经常看到来自天涯海角的外国人，他们为托伦带来了远方世界的消息。哥白尼时常聆听从克拉科夫或国外什么地方返回的托伦人讲述他们的旅行见闻。这一切都使哥白尼眼界大开，增长了不少见识。

1473 年 2 月 19 日，尼古拉·哥白尼出生于一个殷实的商人家庭。他父亲的名字也叫尼古拉，不仅是一位能干的商人，还是古城议会的议员；母亲巴尔巴拉·瓦岑罗德是名门闺秀。哥白尼在位于圣安娜街的家里度过了自己的童年，哥白尼的童年是幸福而无忧无虑的。1480 年，7 岁的哥白尼同父母一起搬入紧靠古城市场的一栋更为讲究的房子里。哥白尼的父母闲暇时，经常带着孩子们到离城有一小时路程的卡什乔莱克村去，村中位于维斯瓦河畔的葡萄园里，有哥白尼父亲营建的一座消夏别墅。

哥白尼出生地

哥白尼诞生的时候，

已经是托伦摆脱条顿骑士团统治的第七个年头，雄居波兰王位的是波兰历史上最杰出的国王之一——卡齐米日四世·雅盖隆契克。他像自己的父王——瓦迪斯瓦夫二世·雅盖沃一样，同条顿骑士团进行了顽强的战斗，并赢得了胜利。哥白尼的先辈参加过同骑士团的斗争。哥白尼童年时，经常听到一些有关条顿骑士欺压沿海地区和普鲁士居民的故事，听父亲讲述过他站在波兰国王一边反对条顿骑士团的故事以及他周游世界各地的见闻，也听过许多关于克拉科夫的描述，因为父亲和爷爷都曾在那里居住过。

哥白尼的父亲——尼古拉，出生于克拉科夫，1448 年时已经是一位很有名望的商人了，在克拉科夫和格但斯克之间做大宗铜生意。1458 年，他从克拉科夫迁居托伦。在沿海城市反抗条顿骑士团的统治、争取解放斗争的初期，老尼古拉·哥白尼作为中间人参加了红衣主教兹比格涅夫·奥莱希尼基和普鲁士邦联代表之间的经济谈判，讨论如何偿还波兰和条顿骑士团交战期间的军事债务问题。大约在 40 岁的时候，他与巴尔巴拉·瓦岑罗德结为夫妻。他们的儿子哥白尼在爱国主义、关心国家大事和热心公益事业等思想的熏陶下成长起来。当时，人们关心的主要是本地区的利益。哥白尼故乡托伦的居民对关系到他们所在地区的事情特别敏感，在众多波兰城市中，他们享有很大程度的独立。鉴于他们面临的外部危险，特别是来自条顿骑士团的威胁，波兰统治者对他们关怀备至。他们在和波兰保持紧密联系的同时，特别强调自己的特殊性和自治性。这样一种地区性的爱国主义精神哺育了哥白尼，他始终感到自己和故乡是紧密联系在一起的。1483 年，哥白尼的父亲去世，身后留下了四个子女：尼古拉、安杰伊、巴尔巴拉和卡塔日娜。巴尔巴拉出家进了修道院，后来在海乌姆诺的一所修道院当上了院长。卡塔日娜后来嫁给托伦市议员巴特沃米伊·格特纳为妻。安杰伊和尼古拉继续上学，以便日后从事神职工作。尼古拉同自己的哥哥安杰伊始终保持着最紧密的联系，他们一道接受了初等教育，然后又一道在克拉科夫和罗马上大学。

哥白尼是在弗沃茨瓦韦克接受初等教育的，指导他学习的是一位优秀教员，名叫阿布斯特米斯·乌特卡。在这位老师的熏陶下，哥白尼对天文学产生了兴趣。

在哥白尼出生那年，托伦学校的校长是哥白尼的舅舅乌卡什·瓦岑罗德。舅舅是在意大利的大学毕业以后返回波兰任教的。在哥白尼童年时期，托伦学校的校长是来自格鲁琼兹的一位叫扬的人，他是克拉科夫大学法律系毕业生。正是在“圣扬”的学校里，哥白尼首次接触到了天文学。在当时，很多人认为做生意的商人不识字是不可思议的，农民会写字在彼时也不算什么稀奇事。哥白尼生活时期，神职人员已经失去了对知识的垄断，国王卡齐米日三世·维尔基在这方面起到了一定的推动作用。虽然国王

哥白尼画像

本人似乎一直是文盲，但他却很重视科学。卡齐米日三世创建了波兰的第一所大学克拉科夫大学，亦是中欧地区最早的大学之一。对学习知识最感兴趣的是市民阶层，贵族也在这一时期抛弃了所谓知识会削弱战斗力的偏见，以丝毫不亚于对弯弓射箭的兴趣同笔墨打起交道来。

托伦的教育事业几乎是和城市一起发展起来的。早在1245年的历史文献中，就曾提到过托伦新城的学校。三十年之后，古城负责人和“圣扬”教区的神甫签订的一份契约中声明：在“圣扬”教区建立学校的是古城，而不存在教会的功劳，这所学校也“从未归属于教会”。通过这种方式，市政当局重申了自己办教育的权力。由此可见，这所“圣扬”学校是一所世俗学校，而不是教会学校。15世纪初担任学校校长的是一位硕士，是1400年国王瓦迪斯瓦夫二世·雅盖沃和王后雅德维加恢复起来的克拉科夫大学的毕业生。在这所学校的历史上，曾经有卢德维克·沃尔格穆特和哥白尼的舅舅乌卡什·瓦岑罗德等一些著名人物担任过校长。

在发展教育方面，波兰当时走在了欧洲国家的前列，平均每千人就享有一所世俗学校或教会学校。中世纪的最后两百年是波兰教育事业的大发展时期。在国王卡齐米日四世·雅盖隆契克统治的后期，波兰有五分之四的农村办起了学校，城乡学校的总数多达3 500所。正是在如此发达的教育网络的基础上，形成了社会共有的世俗文化，对实现民族概念上的统一国家产生了一定的影响，并且为普及文艺复兴的文化奠定了基础。同样，也正是这些学校为克拉科夫大学输送了大批学生。

哥白尼是在新旧更替的时代上学读书的。那时的学校还是中世纪的学校，但学校里已经出现了一些文艺复兴的迹象。当时，初等教会学校的学生必须学习所谓三门人文课程，即必须学会用拉丁文读书、写字并掌握基础数学。那时几乎没有什么教科书，因为印刷术还未普及，印刷的费用十分昂贵。学生必须把老师讲的东西全部记在脑子里，而督促学生们学习的工具，就是教师手中的教鞭。一开始，学校只教学生祈祷和用拉丁文唱赞美诗所需要的知识，仅为做弥撒和准确计算宗教节日服务。但生活的实际需要远远超出了这最低限度的教学范围，于是便出现了一些非宗教教学，而且是世俗事业所需要的新科目。学生除了学习中世纪的作品外，开始逐渐接触古典作品，后来又扩大到当代作品。哥白尼在这种学校里学习了四种人文课程。在这里，他接触了天文学，天文学是准确使用复杂的教会日历所必需的。

母亲的去世打乱了哥白尼无忧无虑的童年生活。母亲去世后，他由姨妈照料，舅舅乌卡什·瓦岑罗德从罗马回来后就承担起了照料的义务。舅舅把两个外甥——安杰伊和哥白尼一起带到利兹巴克的主教城堡里，从此舅舅乌卡什便成了哥白尼的倾心的养育者和有力的庇护人。哥白尼是在母亲去世后才到海乌姆诺的学校读书的，海乌姆诺的学校是当时全普鲁士最好的学校。

海乌姆诺的学校是来自荷兰兹沃勒的一对兄弟开办的。兄弟俩的职业就是开办学校和出版书籍，他们渴望向青少年灌输改良宗教和道德生活的思想。他们开办的这所学校被认为是当时最先进的。哥白尼在这所学校里获得了很好的基础教育，这为他以后上大学做好了准备。生活在舅舅身边，使哥白尼得到很多指导，从而使他在学校学到的知识更加扎实，同时也了解到不少有关当时欧洲科学文化中心意大利以及波兰克拉科夫大学的情况。

舅舅乌卡什·瓦岑罗德是一位学识渊博的人，他先后在克拉科夫和意大利的一些大学里学习过，还曾作为瓦尔米亚神甫会的特使在罗马教皇的宫廷里住了几年。他是波兰有重要影响力的人文主义者之一，正是这些人文主义者把意大利的文艺复兴思想传入波兰。乌卡什·瓦岑罗德十分热爱科学，他和波兰国内外不少杰出的人文主义者有着密切往来。他是瓦尔米亚和沿海地区文艺复兴的先驱，同时也和克拉科夫大学许多杰出学者有交往，甚至连国王卡齐米日四世·雅盖隆契克也很熟悉他。瓦尔米亚和利兹巴克神甫会特意把他从意大利召回，以便选他担任瓦尔米亚主教（1489 年）。

担任主教后的瓦岑罗德是一位热情的政治家，但喜欢玩弄权术，是文艺复兴时期典型的达官贵人。作为一名神职人员，他过的是世俗生活，没有践行教义的献身精神。他像当时的许多教会权贵一样，热衷于荣华富贵。他给人的印象俨然一位正人君子，没有人因为布拉涅沃市长是他的私生子而告发他。他的性情似乎是忧郁的，脸上很少能露出笑容。他自负、清高、令人难以接近。他同时也是一位爱国者，条顿骑士团不共戴天的仇敌。瓦岑罗德是固执己见的人，容不得反对意见。当神甫会不愿服从他的某些指示的时候，他曾威胁说要把所有人——包括两个不听话的外甥全部赶走，虽然他最疼爱他的两个外甥。哥白尼的许多政治观点都是从舅舅那里耳濡目染的，舅舅的观点使哥白尼增加了对条顿骑士团的反感。

1491年，瓦岑罗德把19岁的哥白尼送到克拉科夫大学读书，从此开始了他持续十五年之久的大学生涯。大学生活的开始，成为哥白尼一生中的转折点。哥白尼去克拉科夫时正值秋天，哥哥安杰伊与他同行，两人共赴大学。兄弟俩虽是初次来到克拉科夫，但对这座城市丝毫不感到陌生，因为克拉科夫是他们父亲生活过的地方，仍有不少亲朋住在那里。在克拉科夫，哥白尼有机会接触到一些以卡利马科斯和来自意大利的著名学者为代表的最杰出的人文主义者。卡利马科斯同哥白尼的舅舅过往甚密。

瓦岑罗德为两位外甥在克拉科夫提供了舒适的生活条件，这使他们在那里可以安静地、一心一意地致力于学习，无须像贫困的同学那样去向克拉科夫市民乞讨，也不必靠帮别人补课或为有钱同学服务来弥补学费和生活费的不足。哥白尼兄弟俩的学习生活没有任何后顾之忧。

克拉科夫大学的生活

克拉科夫给19岁的哥白尼留下了深刻印象。虽然他的故乡托伦也是全国最好的城市之一，但和首都克拉科夫相比，还是略逊一筹。当时的克拉科夫不仅是波兰的政治、经济中心，也是其文化、科学和社交活动中心。走在克拉科夫的大街上，可以听到五花八门的语言，也时常能碰到从托伦来做生意的熟人。克拉科夫大学以其崇高的声望吸引来各地青年，大学生又为城市本身增添了不少光彩。这所高等学府在哥白尼就学时正处于兴旺时期，哥白尼在这里度过了四年大学生活。在克拉科夫，他接触到许多国内外深受敬重的学者。无数外国人也来到这里，带来外面世界的信息。

克拉科夫大学如今已改名为雅盖隆大学，但早在哥白尼时代就已经闻名遐迩。它是在国王卡齐米日三世·维尔基的努力下于1364年创办的。继布拉格大学之后，为了能在克拉科夫创办中欧地区的第二所大学，卡齐米日三世通过很长时间的努力，首先征得教皇乌尔本五世的同意。能冲破几任教皇的反对征得现任教皇同意，就意味该大学的毕业文凭会被所有基督教国家承认，而该校毕业生也有资格到任何地方任教。有了自己的大学，不仅给统治者的脸上添了光，也为城市增加了收入，为国家培养了人才。彼时，波兰正需要知识和人才，尤其需要能在外国不友好势力面前维护国家利益的法学家，同时也特别需要受过教育的行政管理人员。这所大学不只是为本国公民服务，也对所有外国人开放。在这里读书的外国学生，主要来自尚未开办大学的国

哥白尼雕像

家，最多的是匈牙利人和西里西亚人，也有很多德国人和捷克人。

哥白尼进入克拉科夫大学人文学系就读的时候，正值人文主义者对这所大学强大的影响正将告一段落。1491—1494 年，哥白尼亲身经历人文主义者和其政敌之间，近代世界观、科学观、社会秩序观的代表和中世纪卫道士之间尖锐的思想斗争。反对激进人文主义的是以红衣主教弗里德里克·雅盖隆契克为首的主教团。这位红衣主教是国王卡齐米日四世·雅盖隆契克的儿子，曾经是哥白尼舅舅争取瓦尔米亚主教一职的竞争对手。红衣主教本人努力学习了人文思想，他作为克拉科夫主教对克拉科夫大学的科学发展等问题有着很大发言权，但他对此却漠不关心，更期望人文主义能够为教会服务。

哥白尼在克拉科夫时期，大学生都住校，在教授的严格监督下在学生宿舍里过着修道院似的生活。贵族子弟可以在城里单独租房居住，但必须有某位教授或学士负责监督。在哥白尼求学期间，由于学生越来越多，监督制度已经不那么严格，也没有足够的教授和学士去看管那么多学生，所以只是偶尔进行检查。哥白尼虽然有条件租赁私人住宅，但他仍住在“耶路撒冷”学生宿舍里。如今雅盖隆大学的档案馆里保存着的哥白尼的天文学手稿，有一部分就是他在“耶路撒冷”学生宿舍里写成的。这栋学生宿舍位于学院大楼附近，大楼里配备有天文仪器。在去意大利求学之前，哥白尼已经学会了如何使用这些仪器。

哥白尼是来自波兰各地和其他欧洲国家的约两千名大学生中的一员。仅这些大学生就使约两万人口的克拉科夫城几乎到处都能听到五花八门的语言和语调，使城市显得更加繁闹和混乱。新入学的学生一般都需要高年级学生和学习辅导员的支持、指导和帮助。为此，大学建议新入学的学生在办理注册登记之后，要马上找一位优秀学长负责帮助自己，特别是辅导自己的学习。同高年级同学建立关系，进入他们的天地，那可不是一件容易的事。新生入学后，首先遇到的是“洗礼”活动。这种所谓的“大学洗礼”或“造就大学生”活动，对新生来说要大吃苦头，而对高年级学生和旁观者来说，则是一种乐趣。新生被戏谑地称为乳臭小儿或黄口雏鸟，被认为是无知、尚未调教过的人，必须在优秀的大学学习。这种为新生“清除乳臭”的活动，就是所谓的“洗礼”，它往往是在新生入学的路上进行的。站在路上迎接新生的是一些穿着奇装异服的大学生，他们首先向来者发起进攻，不止一次地痛打他，然后再将他拉到一家饭馆让他请客。这种仪式有时也在学生宿舍进行，尽管校方严令禁止。

“洗礼”活动远不止是大学生恶作剧的全部。许多有钱有势的学生还常常到市里寻衅闹事，甚至在校内也常和不同民族或不同专业的同学之间发生纠纷，校长不得不进行越来越多的干预。玩纸牌等赌博游戏和酗酒也常常导致闹事，由吵架到动刀动枪地厮打，直至酿成流血事件。这样一来，医学系学生倒有了用武之地。德国学生和捷克学生之间不时发生争吵，匈牙利学生也好滋事，甚至波兰来自不同地区的学生之间还常发生争执。这类事件往往要由校长亲自处理和裁决。哥白尼是富有感情、易于冲动的人，但他的激情多是倾注在学习和学术辩论上。当时在学校里闹事的不仅仅是学生，讲师之间的争吵有时也远远超出学术辩论的范围，当缺乏有力证据时，也会动起手来。教师之间一旦出现此类事件，喜欢打斗的学生更如鱼得水，总是很高兴地卷进去。校长曾不止一次地发布指示，禁止大学生携带武器，尤其是佩带刀剑。先禁止在学校携带，后来甚至也禁止上街时携带。可其时佩戴刀剑蔚然成风，学生为了把自己打扮成骑士模样，甚至把仅有的书籍也卖掉去买佩剑。

克拉科夫大学的学生主要是世俗青年，他们完全可以在法律允许的范围内尽情享受人生乐趣。除他们外，学生中还有一些神职人员和信奉禁欲主义的修士。因此，学生的年龄差别非常大，既有十几岁的小青年，也有几十岁的壮年男子。神职人员不仅受学校本身的纪律约束，还受严格的教会法规约束。但他们生活在欢乐的年轻人中间，便觉得自己也年轻了，于是有些也就忘记了教规，过起世俗生活来。当然，这一切只能背着教会偷偷进行。辉煌的文艺复兴时代，人们更好地享受起了生活乐趣。严格的中世纪苦行主义的生活方式仅仅局限在修道院里，而哪怕在修道院里，文艺复兴的光芒也无孔不入。尽情欢乐的不仅仅是大学生，甚至一些高级神职人员也接受了世俗的生活方式。

克拉科夫作为科学和艺术之城，不仅吸引了许多大学生，也吸引了不少外国学者和其他各行各业的著名人物。有不少欧洲闻名的伟大人文主义者来到此处，其中最杰出的有布鲁泽沃的沃伊切赫，被称为卡利马科斯的意大利人菲利波·博纳科尔西，以及康拉德·策尔蒂斯。他们对年轻的哥白尼都有很大影响，对哥白尼的个性、政治观点和兴趣爱好的形成起了重要作用。当时克拉科夫不仅是本国和邻国青年满足求知欲的地方，也是一些国家遭受迫害的人文主义者的避难圣地。

对哥白尼有重要影响的卡利马科斯是来自罗马的侨民，他担任过波兰国王卡齐米日四世·雅盖隆契克几个儿子——扬·阿尔布雷赫特、亚历山大、弗里德里克和齐格蒙特的拉丁语教师。1471 年，他进入王宫任教，为王子们带去了新的人文主义思想。王子们的另一位老师——扬·德乌戈什是波兰伟大的历史学家，他虽然摆脱了一些思想偏见，但仍秉持中世纪的世界观，这和卡利马科斯代表的新世界观刚好是针锋相对和格格不入的。虽然两位教师互相敬重，但也发生过尖锐的观点碰撞，正是这样两种对立的观念造就了王子们的价值观。哥白尼在克拉科夫大学学习期间，正是卡利马科斯得势的时候，因为他的学生掌管了国家政权而使他的成就和影响达到顶峰。卡利马科斯是当时波兰最著名的人文主义者之一，除爱好科学和艺术外，他也对政治感兴趣。国王发现这一点后，把他调到了国王办公厅，让他当了自己的顾问。

对哥白尼影响最大的莫过于克拉科夫大学的数学和天文学教授——布鲁泽沃的沃伊切赫。布鲁泽沃的沃伊切赫堪称杰出的学者和人文主义者，他唤起了哥白尼对天文学终身的兴趣。正是这种兴趣引导哥白尼发现了地球围绕太阳旋转这一伟大真理。沃伊切赫不仅是学者和人文主义者的典范，也是富有公民道德、爱国主义和其他各种美德的楷模。这位优秀人物影响了哥白尼的后续人生，是他最早在青年哥白尼的心灵深处播下了怀疑的种子，使哥白尼敢于质疑当时普遍公认的准则，也正是这种怀疑进一步激励哥白尼实现具有划时代意义的发现。

那个时代非常需要天文学家。教会需要天文学家准确地计算所有不固定节日在具体年份的准确日期，需要天文学家编制日历和从事异常繁杂的时间统计工作。王宫大公和各权贵的官邸几乎都需要有一位占星学家，而这种角色通常是由天文学家来充当的。

与占星学和数学密切相关的天文学专业在克拉科夫大学有着悠久的历史，许多外国学生怀着浓厚的兴趣在这里学习天文学。克拉科夫大学天文学专业之父马尔钦·克鲁尔，在1459年以私人名义出资创办了专门的占星学系。他同天文学家格奥尔格·普尔巴赫过从甚密。当时，国外开设类似专业的大学为数不多。克拉科夫大学培养的天文学者在国外也颇受欢迎。15世纪下半叶，意大利博洛尼亚大学的天文系就有五位来自波兰的教员，其中有一位兼任匈牙利王宫的占星学家。

在克拉科夫大学占星学系任教的布鲁泽沃的沃伊切赫是当时欧洲最著名的天文学家之一，他也是克拉科夫大学所培养出来的。他于1468年进入克拉科夫大学学习，六年后在人文学系毕业，毕业后不久就开始了他的教学活动。他的名字吸引了很多渴求知识的波兰青年和外国青年。他擅长把学生的数学爱好同天文学、人文主义结合起来。他的兴趣并不限于所教授的专业，他是一位视野开阔、知识渊博的学者。他富有特殊的教学天才，讲课十分精辟、明了、易懂。哥白尼是他最得意的学生，他的知识给了哥白尼极大的启发，使哥白尼对当时人们普遍信奉的理论和准则产生了怀疑，例如：月亮的轨道并不像以前人们说的那样圆，它实际是椭圆形的——这项异常重要的发现正有沃伊切赫的功劳。他向学生讲授说，地球的卫星总是用一个面对着地球。这是他对月亮进行多次观察得出的结论。哥白尼离开克拉科夫大学以后，仍然同沃伊切赫保持着通信往来。沃伊切赫的信使哥白尼备受鼓舞，哥白尼提出来的新想法也得到了老师的肯定。沃伊切赫无疑早就发现了这位在专业学习上博采众长、具有特殊洞察力的学生。

哥白尼如饥似渴地听了沃伊切赫讲授的全部课程，积极参加各种学术讨论会，并发表过令人瞠目的不同见解，对已知天文现象作了别出心裁的解释。1493 年，他同自己的老师一起观测了两次月食和一次日食。从那时起，哥白尼就踏上了创建自己理论的征程。

哥白尼的天文学知识不仅仅是通过听老师讲授和阅读课外辅导材料获得的。阅读古典时期的作品，也丰富了他的天文学知识。在克拉科夫大学学习期间，哥白尼便以此为目的广泛地阅读古典文学作品。爱好文学在 15 世纪初就已成为克拉科夫大学的一种优良传统，哥白尼就读时期，语言学更成为热门。大学生可在课堂上了解一些古典作家，而更多的古典作家则是在大学之外、从人文主义者那里得知的。大学生宿舍里流传着一些最优秀的文学作品的手抄本。连讲授精密科学的教授也对人文主义产生了浓厚兴趣。

不止一位古典作家以文学形式隐晦地提出：太阳是行星体系的中心，其他所有行星，包括地球，都围绕着太阳旋转。亚里士多德在自己的书信中也提到了其他一些不同的天文学观点。哥白尼深入地学习了托勒密的一篇论文，这篇论文综合地阐述了有关天体运动的知识。尽管他对托勒密的著作十分尊重，但还是发现其中有许多矛盾之处，尤其是地球中心说漏洞百出。这个假说认为，地球处于宇宙的中心，其他所有行星和太阳都围绕地球旋转。这种说法不能使哥白尼信服，大学老师的启迪使他加深了这种疑虑。他阅读的古典作品中提出，行星的运动还可以有不同于托勒密学说的其他解释。为了解开萦绕心头的这个谜团，哥白尼意识到自己必须更深入地学习，而首先需要认真观察、测量和积累经验。哥白尼生活的时代，刚好存在一种对问题进行怀疑和探索以便修正或推翻现行学说的氛围。

伽利略使哥白尼的学说有了现实的依据

1495 年上半年，哥白尼离开克拉科夫，回到住在瓦尔米亚的舅舅身边。在人文学系初级阶段的学习已经结束，但由于种种原因，他没有继续学习。哥白尼带着丰富的知识和对国家大事的深入了解，回到了瓦尔米亚。这时，他不只年龄增加了四岁，而且也成了一位成熟的人文主义者，已经能够为舅舅出谋划策。也许舅舅也已把他当做自己主教事业的继承人。不管怎样，瓦岑罗德希望哥白尼兄弟俩能够继续深造，也愿为此提供物质保障。在筹措学习经费方面，瓦岑罗德作为一名主教，有很大的活动余地。他可以先让两位外甥担任瓦尔米亚主教区的神甫，只要经神甫会同意，就可以使他俩得到神职人员的固定收入。在两兄弟中，安杰伊首先当上了神甫，两年后他也到意大利上大学，而那时哥白尼已经在意大利学到了不少有关宇宙的知识。当初，哥白尼争取当神甫的努力遭到打击。本来，有一名神甫去世，神甫会正有一个空缺，瓦岑罗德为争取这个席位做出了很大努力，却未能成功，因为刚好当月教皇派人提前占据了这个席位。到 1497 年查诺夫神甫去世后，才为哥白尼空出一个神甫席位。

正是因为身为主教的舅舅的恩惠，才使哥白尼获得了神甫职位，但这件事并未损害哥白尼自身的声望，因为任人唯亲、搞裙带关系是当时普遍的现象。不仅神甫，就是教会高层也有许多人是靠亲戚关系才得以谋得职位的。这种现象在意大利尤为盛行，红衣主教们不止一次地把教会头衔授予自己的私生子。后来，这种现象逐渐在教会中引起不满和愤慨，并成为宗教改革派的打击对象。

留学意大利

1496年，哥白尼远赴意大利博洛尼亚大学学习法律。派遣外甥到博洛尼亚去学法律，很大程度上是由瓦尔米亚主教的个人需要所决定的。瓦岑罗德希望对外甥的智力投资将来会得到加倍的报答——他希望自己的外甥能成为忠实于他本人的、具有高学识的顾问、法律学家和律师。

这是哥白尼初次到意大利，但他事先对这个人文主义的故乡已有很多了解。由于舅舅同梵蒂冈以及意大利很多人文主义者有着频繁的往来，所以哥白尼在瓦尔米亚期间了解了很多有关意大利的情况。克拉科夫大学进一步把哥白尼培养成了科学和艺术的爱好者——人文主义者。

意大利在15—16世纪成为重要的科学和文化中心并不是偶然的。在此之前，许多意大利城市——特别是佛罗伦萨和威尼斯的经济发展已经达到相当高的水平。自古罗马帝国衰落之日起，意大利就分裂成许多小国，往往一座城市就是一个国家。随着国家的繁荣昌盛，人们的怀古之情油然而生，普遍怀念强大的罗马帝国统治世界的日子。怀古者掀起了一波学习古典作品的热潮，他们对古老建筑的遗址也发生了兴趣，并且开始广泛搜集被人们遗忘的古典艺术品。这就是文艺复兴运动的开端，它首先在佛罗伦萨兴起。

受人文主义影响，科学也发生了根本变化。中世纪的神学已不再是科学的归宿和知识的核心。学者们摒弃了许多中世纪的观点，开始依据理智和经验从事科学研究工作。正是这种对待科学的态度使人们有了诸多发现，尤其在自然科学和数学领域。促进科学发展的不仅仅是实验和探索工作，研究和重温古典作家和学者的著作，也起着巨大的推动作用。文艺复兴时期，人们常常在那些被遗忘的作品中找到有助于加深自己的信念或能为他们指明进一步探索之路的观点。人文主义学者就这样接过古代朴素的科学思想加以发展，再通过实践加以验证，去伪存真，对宝贵的古代知识加以利用。哥白尼正是这样一位将实践经验和博览古典文学作品结合起来的学者。

哥白尼到意大利上大学是15世纪末的事，当时意大利涌现出一批最具才华的人文主义者，他们是著名的学者和艺术家。然而，15世纪末正是意大利不平静的时期，各城市之间和各大家族之间的纷争导致了许多武装冲突。

哥白尼并不是博洛尼亚的第一位波兰留学生。波兰人到博洛尼亚求学已有三个多世纪的历史，哥白尼正是顺着同胞的足迹来这里求学的。与他同时代的人也有不少到这里来留学的，他的舅舅乌卡什·瓦岑罗德就是在博洛尼亚获得了博士学位。在哥白尼生活的时期，波兰人到意大利留学相当常见。凡是物质条件允许的波兰人，都争相越过阿尔卑斯山到意大利求学深造，也有纯粹出于好奇心而周游世界的。当时能够出国留学的，主要是有钱的贵族子弟和小市民子弟，当然，也少不了神职人员的私生子，还有个别得到富人资助的农民子弟。罗马教会里有不少波兰人，其中有波兰国王派来控告条顿骑士团的使者，也有波兰主教团的代表。这些人回到波兰时不仅为国内同胞带回了广泛的关于外部世界的趣闻，同时也带回了新时代的精神，使许多同胞受到了人文主义的感染，于是又有更多的人踏上这条往返之路。

哥白尼在博洛尼亚已经不用再从基础专业（即人文学系）学起，因为他已经在克拉科夫大学完成了人文学专业的学习。哥白尼就读期间，博洛尼亚大学的学术氛围空前活跃，学术辩论十分盛行，而且时常伴有嬉笑、起哄和闹事发生。甚至在“德国同乡会”内部，也多次发生闹事。波兰人、匈牙利人和勃艮第人结成联盟反对德国人，而德国人则反对匈牙利人、西西里人和伦巴第人。类似冲突在其他一些大学，其中也包括克拉科夫大学，都曾发生过。

哥白尼兄弟俩是能够在博洛尼亚过世俗生活的，还可以参加当时非常时髦的交际活动。他们虽然是神甫，但除了学习知识外，却没有任何宗教义务。他们尽情地享受了博洛尼亚世俗生活的乐趣。当时，他们都是世俗打扮，蓄着胡子，只是在参加隆重的宗教仪式时，才穿上罗马法学系的学生制服（深色的外袍和帽子）。博洛尼亚的生活舒畅到有时甚至超出了他们的生活水平。弗龙堡大教堂教长兼圣徒首脑驻瓦尔米亚全权代表伯纳德·斯库尔泰蒂神甫在一封寄给哥白尼舅舅的信中写道：“哥白尼兄弟俩都欠债。”虽然他们曾经从弗龙堡神甫会得到过一笔不小的款项，还从舅舅那里拿到45马克，可当瓦尔米亚神甫会的秘书耶日·普兰格途经博洛尼亚时，哥白尼兄弟俩都极力向他借钱。安杰伊甚至威胁称，如果实在没有钱，他就用为外国人服务的办法挣钱。后来，斯库尔泰蒂从罗马的一家银行里为他们借到了利息很高的100个杜卡特，但这笔钱也没用多久。一个月后，斯库尔泰蒂在寄给哥白尼舅舅的另一封信中写道："您的外甥们完全像普通大学生一样，忍受着长期缺钱的痛苦。"哥白尼兄弟俩作为外国人在博洛尼亚是不能过分胡来的，因为市政当局对来自阿尔卑斯山以北地区的人十分注意。

哥白尼兄弟俩作为法律系学生，并没有任何特殊的地方，都得按规定进行学习，并且通过各种必需的考试。无论在教会法规方面，还是在以罗马法为基础的世俗法律方面，他们都习得了最高水平的专业知识。在博洛尼亚学习期间，哥白尼学到的法律知识对他后来作为瓦尔米亚行政官员从事公务活动和国务活动都有很大的帮助。哥白尼在博洛尼亚除了学到许多法律知识以外，还学会了希腊语。他能学好希腊语，很大程度上要感谢被称为"乞丐"的尼科洛·莱昂尼科·托梅奥，正是他点燃了哥白尼对希腊古典文学的巨大热情，而其中最使哥白尼着迷的是欧几里得和阿基米德此类希腊学者的著作。

哥白尼兄弟俩终于还是等来了一笔相当可观的钱款。然而，当他们得知这笔钱不是供他们继续学习的费用而是他们返回弗龙堡神甫会的路费时，他们感到了惊讶和失望。即使这样，他们的学习还是又延长了一年，而原定是让他们在博洛尼亚学习三年。1501年7月28日，哥白尼兄弟俩回到了弗龙堡神甫会，但他们心里仍然期待能再次获得继续学习的休假机会。经神甫会研究，一致认为安杰伊比较适合继续学习，于是为他延长了用于学习的休假时间。最后，哥白尼也靠舅舅的帮忙，也得到神甫会许可，再去学习两年医学，但附有一个条件，那就是完成学业后要担任主教和弗龙堡神甫会神甫的专职医生。

哥白尼在波兰作短暂逗留之后，又踏上了他熟悉的通往意大利的道路。要学医，到克拉科夫去也可以，但哥白尼十分热爱充满阳光的意大利和意大利的文化，他喜欢在人文主义的发源地获取知识。他选择了当时欧洲最著名的帕多瓦大学就读，许多著名医学专家在这所大学任教。法国蒙彼利埃大学从13世纪起也在欧洲享有类似的声誉，但当时多数学医的学生还是更愿意到意大利去，向往这人文主义的故乡。哥白尼兄弟俩做伴几年之后，此次在意大利分道扬镳：哥白尼前往帕多瓦，而安杰伊则直奔罗马。

帕多瓦隶属威尼斯共和国。其时，威尼斯共和国是一个强国，在政治和外交方面都有着举足轻重的地位。此处经济相当繁荣，做生意致富的市民也有了献身艺术的愿望，这就为文化发展提供了良好的条件。帕多瓦大学创建于13世纪，略晚于博洛尼亚大学。帕多瓦大学没有单设的医学系，只是在人文学系中下设一个医学专业，所以哥白尼必须在帕多瓦大学的人文学系进行注册登记。该系的系主任是庞波尼乌斯，他当时新著的《论灵魂的不朽性》影响很大。他要求赋予学者以研究宗教教义的权利，于当时来说，可谓非常大胆的主张。这位系主任的观点十分契合哥白尼的想法。正是在这种氛围中，哥白尼才能公开地发展自己的爱好，并大胆地创立和发展自己的学术理论。

帕多瓦大学每年都会进行一次人体解剖示范，以讲解古罗马医学家盖伦的理论。解剖课在专门的解剖实验楼进行。解剖实验楼由几名贫穷的学生管理，他们通过这种办法挣钱来维持自己的生活和学习。医学专业的学生都要出钱用以维护这座解剖楼。校长有义务在每年二月份之前，按时向解剖实验楼提供男尸和女尸。大学生在入学后的第三个学期——获得足够的理论知识以后，才能上解剖课。尸体解剖由专门的外科医生进行，一名普通教授在旁边朗读解剖学教科书上的课文，而另一名高级教授负责讲解。

帕多瓦大学的医学专业有八名教授，其中不少是很有名望的学者。其学制为三年，其中包括在著名医生指导下进行实习，然后是考试和毕业答辩，并根据考试和答辩成绩颁发毕业文凭。然而，哥白尼并没有获得毕业文凭。他广泛地阅读几个世纪以前和当代的医学著作，并且把书本上学到的知识同自己在医院的观察进行了认真比较。为了争取实践课考试合格，学生必须在医院里实习一段时间。哥白尼使用过的医学课本都保存了下来，哥白尼在这些课本上写了不少批注，记录了他当时的意见和看法。起初，他不加批判地接受别人传授的药方，但他后来通过医疗实践对这些药方进行筛选，进而得出了自己的结论。哥白尼在医学课本白边上记录的内容，不仅有各种有趣的医学知识和其他各方面的情况，也有他本人的批评和看法，譬如其中有这样一段话："要么是假的，要么从未发生过，总之不能相信它是对的。"

哥白尼虽然在天文学方面开启了伟大革命，但他在其他领域却没有超越时代的局限。作为天文学家的哥白尼远远超越了作为一名医生的哥白尼，尽管彼时的人们说他在医学方面也取得了很大成就。

学习古典时期大师的著作成为那时一种普遍的时髦，哥白尼也卷入了这股潮流。通过阅读古典书籍，他的拉丁语知识更加丰富，拉丁语水平也大有提高。对古典文学和古代艺术的追求，使大众对希腊文学的兴趣也空前高涨起来。学会希腊语能给人增添许多光彩，并能得到周围人的敬重。当时认为，最理想的是掌握三种古典语言：拉丁语、希腊语和希伯来语。哥白尼花费了许多时间学习古希腊语，学习希腊文学和希腊科学。他对菲洛劳斯和萨摩斯的阿利斯塔克的著作特别感兴趣，因为这些著作动摇了教会从公元 2 世纪以来一直承认和支持的托勒密地心体系。

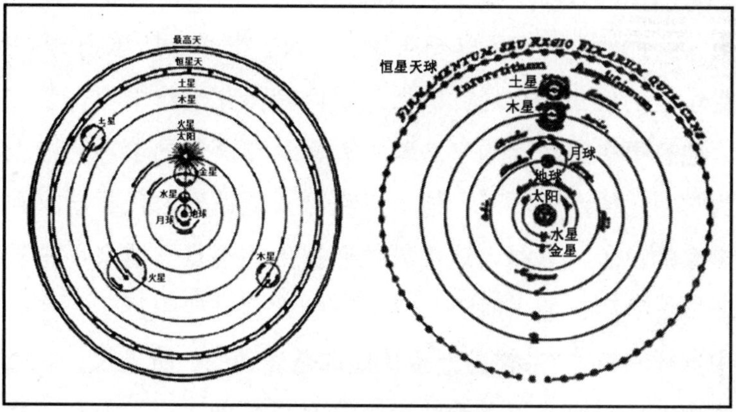

托勒密与哥白尼的宇宙体系

在深造医学和语言的这段时期，哥白尼还必须准备费拉拉大学的法学博士考试。为什么哥白尼不在他所就读的帕多瓦大学或博洛尼亚大学攻读他的博士学位呢？哥白尼之所以选择费拉拉大学，是为了省去毕业仪式那些过多的开销，因为在费拉拉举办毕业仪式的费用要比在帕多瓦和博洛尼亚低一些。而且他在费拉拉熟人少，这种场合是必须要宴请熟人的。1503 年 5 月 31 日，哥白尼参加了他一生中的最后一次考试。他首先宣读博士论文，继而从自己的科学监护人、学位授予人安东尼厄斯·莱夫图斯教授手中接过一本书，即表示要把所学的知识永远铭记在心中。然后，学位授予人将这本书打开，以示考生迄今所学的知识是不够的，应该继续深入，以丰富所学知识。紧接着，要给哥白尼戴上一顶博士四角帽，同时把一枚象征思想和行为纯洁的金戒指戴到哥白尼的手指上。最后一步是象征和平与和睦的亲吻。考试委员会的主席一般由担任助理教务职位的主教担任，他会用最庄重的语言对毕业文凭给予肯定。

哥白尼的这段学习生涯以获得教会法法学博士学位而宣告结束，这样他就履行了享受弗龙堡神甫会助学金所承担的义务。接受学位的仪式结束后，哥白尼返回帕多瓦继续学习医学。这时，他有更多的时间用于医学、天文学和语言的学习，再也不用为学习法律而分心了。他可以更深入地钻研古代哲学家和天文学家的论著，更深入地推敲他们提出的观点。他亲手写下的一段笔记表明，他当时距自己天才的发现已经很近了。他的笔记中这样写道："菲洛劳斯承认地球是运动的，听人说，萨摩斯的阿利斯塔克也有这种看法……这是可信的。……但是，这种事情，只有敏锐的天才经过长期研究才有可能解决，因此……当时懂得行星运动理论的哲学家为数极少，多数人都隐藏起来。如果说菲洛劳斯或毕达哥拉斯的其他信徒明白这一点，那他大概也没有向后人传播这种观点。因为毕达哥拉斯的信徒们遵守这样一条原则，即不通过书籍传播，也不向所有人说明这一哲学的全部秘密，仅仅透露给知心的朋友和亲人。"哥白尼生活的时期也一样，这种对观点的小心谨慎态度是必要的，因为这种观点违背了教会权威所支持的固定不变的世界观。在意大利学习期间，哥白尼耳闻目睹了一些公然冒犯教会的学说的命运及其下场，这使哥白尼十分清楚自己发表不同见解可能带来的后果。作为一个热爱生活的人，他不想和那些遭难的人走上同一条路。此外，他还需要搜集无可辩驳的证据和论据，任凭谁也推翻不了。这些都需要时间，需要进行许多枯燥的研究工作。

在意大利生活期间，哥白尼进行了大量枯燥的计算，反复核算了各种历法。出于编制历法的需要，他观察并记录了大量天文材料。在克拉科夫大学学习时期，哥白尼已经掌握了计算时间和推算日历的繁琐技术；在意大利各大学学习期间，随着数学知识的增长，他进一步完善了自己的计算技术。哥白尼还必须了解埃及和中国的历法，其次是巴比伦学者，再次是希腊人和埃及人如何对星体发生兴趣。巴比伦人计算了行星运行中不同时期所用的时间，并把黄道带划分为黄道宫，对星体进行编组，发明了早期的天文仪器；埃及人把一昼夜划分为 24 小时，确定了一年的长度，提出了各月份的名称，并发明了计算时间用的滴漏；希腊人汲取了埃及人的经验，却不赞成他们有关太阳在行星中起中心作用的观察，也忽视了埃及人的一个观察结果，即金星和水星是围绕太阳旋转的。哥白尼在学习天文学历史时，没发现这些不一致，甚至前后矛盾的现象。巴比伦学者早就指出：太阳的力量使行星悬在空中不停地运动，并且影响着一年的四季变化和天气变化。公元前 5 世纪的希腊哲学家阿纳克萨戈拉也有过许多重要的天文学发现。

阿纳克萨戈拉曾经得出结论：月亮是被太阳照亮的一个黑暗的固有实体。对月食的解释也要归功于他。阿利斯塔克的著作曾经使哥白尼着迷，而正是阿利斯塔克说过，地球可能是绕着自己的轴自转并围绕太阳旋转的。巴比伦人塞洛伊科斯则认为，这两种运动都是被证明过的，是确定的。这些古老的理论要比此后直到哥白尼时代人们得出的所有理论都更加接近真理。然而，这些观点却被托勒密推翻了，他“定住了地球，转动了太阳”。托勒密生活在公元2世纪，居住在亚历山大，是一位博学的天才，并掌握了十分丰富的百科知识。他在《至大论》一书中阐述了自己的天文学理论。他在这本书中指出：天是球形的，而且是运动着的；地球也是球体，却是不动的；地球悬挂在天的中心，太阳和行星都围绕地球旋转。托勒密的理论，作为契合《圣经》的理论，得到了教会的支持，最后成为法定学说。任何人反对这一学说都可能招致教会的暴怒。

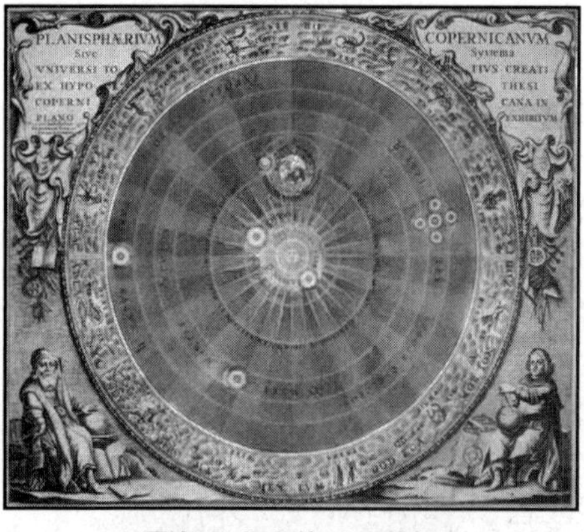

哥白尼宇宙体系示意图

在克拉科夫大学学习时，在沃伊切赫的指导下，哥白尼已经广泛地阅读了托勒密的著作。在那时，他就发现当时的天文学理论存在许多矛盾和问题，他开始对亚历山大的这位学者的正确性产生了怀疑。后来，在博洛尼亚学习时，特别是在与诺瓦拉合作期间，哥白尼进一步坚定了自己的这种看法。托勒密学说创立以来，先后有许多学者试图推翻他的学说，但就国际舆论来说，任何人也没有达到这一目的。中世纪的阿拉伯学者和犹太学者也对托勒密的理论产生过怀疑。15世纪，库扎的尼古拉写道："我们已经清楚，我们的地球也在动，虽然这是感觉不到的，只有同恒星作比较才能发现。"在另一处，他又写道："地球绕自己的轴，由东向西，24 小时旋转一周。此外，它还围绕一个和上述轴相垂直的轴线旋转。同样，星空和太阳也很驯服，各自做着两种运动。"15 世纪，作为哥白尼直接理论先驱的杰出天文学家有：约翰·缪勒，格奥尔格·普尔巴赫，布鲁泽沃的沃伊切赫，马里亚·迪诺瓦拉。上述四位都是哥白尼的老师和同事，也都是天文学领域的创新者，他们找到了计算时间的准确方法，从而把天空变成了一支完美的表。以天体运动为基础，他们通过自己的观察来确定时间。在人类设计出带秒针的机械表以前，他们的"天文钟"是最精确的。

普尔巴赫的学生约翰·缪勒是天文学界的一位才子，11 岁进入莱比锡大学学习，15 岁时成为腓特烈三世宫廷里的占星学家，许多国务活动家都听取和利用他提出的占星学建议。他在

望向星空的哥白尼

纽伦堡辛勤地工作了许多年，非常精确地绘制了行星的日常位置图。迪亚斯、哥伦布以及达·伽马都是利用这些图表才得以远航。

哥白尼在博洛尼亚的老师和朋友马里亚·迪诺瓦拉把缪勒看成是自己的老师。他特别强调实验和观测的重要性，他像克拉科夫大学的沃伊切赫一样，帮助哥白尼确立了这样一种信念，即必须对原有的理论进行筛选，不能轻易相信任何学说。哥白尼同马里亚·迪诺瓦拉一道进行了天文观测，这些观测使他更加相信太阳中心说必为真理。

哥白尼在离开祖国近七年之后，于1503年秋天回到波兰。途经克拉科夫时，哥白尼拜访了自己的大学同学。波兰国王齐格蒙特一世统治时代即将到来前，哥白尼回到了波兰，并成为波兰复兴的黄金时代的最大骄傲。

第二篇　初涉政坛

我们必须睁开双眼，面对事实。

——哥白尼

家乡行医

公元1506年秋，瓦尔米亚的神甫、法学博士尼古拉·哥白尼回到弗龙堡神甫会。差不多在同一时期，哥白尼的哥哥安杰伊也带着博士学位从罗马回到波兰。兄弟俩把自己在国外的学习情况向神甫会作了详细汇报，并出示证据，说明其作为享受助学金者履行学习义务的情况。不久，他们又到利兹巴克拜访担任瓦尔米亚主教的舅舅，对舅舅多年的关心和帮助表示衷心感谢。此时，他们已经是完全自立的人了，他们的物质生活条件不错。担任神职的收入，不仅可以满足各种生活需要和正当的娱乐需求，还能有些积蓄。为了向慷慨的舅舅表示感谢之情，他们知道是时候还债了。但瓦岑罗德需要的并不是钱，而是忠诚且富有才智的顾问。瓦岑罗德的目光从一开始就落到了哥白尼身上，他对哥白尼的评价比较高，更信任他。

乌卡什·瓦岑罗德主教向弗龙堡神甫会提出自己的诉求，希望解除他在主教区首府坐班办公的义务，并要求任命尼古拉·哥白尼担任他的随从神甫和医生。1507 年 1 月，神甫会通过了哥白尼薪俸相关的决定。因负责主教的健康，他每年可领取 15 个格日夫那。哥白尼不仅是瓦岑罗德的保健医生，同时也是其秘书、顾问和心腹——瓦岑罗德时常把最复杂和最棘手的问题交给他去处理。担任瓦尔米亚主教这样高贵人物的保健医生，使哥白尼成了波属普鲁士地区最有名气的医生之一。他乐意为所有患者治病，不在意其贫富或门第。他关心穷人的疾苦，免费为他们看病，有时甚至主动送药给他们。与此同时，也有许多知名人物慕名到哥白尼这里求医。哥白尼作为一名医生的声望超出了瓦尔米亚地区，甚至也超出了波属普鲁士的疆界。他多次被请到格但斯克和奥尔什丁去给人看病。各式各样的名人、权贵不止一次地向神甫会提出请求，愿意聘用这位医术高超的医生。条顿骑士团的大团长也请哥白尼治过病。哥白尼临终前不久，普鲁士大公阿尔布雷希特还在接受哥白尼的治疗。阿尔布雷希特大公曾经向弗龙堡神甫会提出请求，希望把哥白尼派到柯尼斯堡去。为了给患病的普鲁士大公看病，70 岁的医生兼天文学家哥白尼不得不乘坐马车奔波往返两地。

在行医期间，哥白尼不断充实自己的医学知识，从他购买的医学书籍中也可以看到这一点。在 17 世纪初第四次波兰－瑞典战争期间，随着瑞典国王古斯塔夫·阿道夫的命令，瑞典人从弗龙堡劫走了哥白尼的大部分医学藏书。哥白尼虽然对医学理论有很大兴趣，自己却从来没有撰写过医学论文，留下来的只是他亲手批注并记有一些药方的医学书籍。作为一名医生的哥白尼，未能超越他所处时代的限制，他接受的不仅有当时医学的发展成果，也接受了一些古老的迷信说法。

舅舅乌卡什·瓦岑罗德需要哥白尼做他的医生，但首要目的是让哥白尼做他的顾问和同事。瓦岑罗德是一个有学问的人，同时还是一位成熟的、富有热情的政治家。哥白尼留学回来时，普鲁士的政治局势十分复杂。在这种情况下，瓦尔米亚主教区管理人的处境就更加艰难，他管理的地区对于波兰，无论从经济角度看，还是从战略角度看，都是很重要的。

哥白尼回国的时候，瓦尔米亚正处于困难时期。一直觊觎瓦尔米亚的条顿骑士团正在寻找机会，企图把它据为己有。当时，瓦尔米亚内部的问题也很复杂。在这种情况下，哥白尼没有太多时间安静地从事科学研究工作，他必须为舅舅出谋划策，帮助舅舅解决各种棘手的政治问题、法律问题和经济问题。

瓦尔米亚原是普鲁士的四个教区之一，反对条顿骑士团的十三年战争结束后，根据《第二次托伦和约》于1466年并入波兰。这个地区隶属于波属普鲁士，直接受波兰国王管辖。它同普鲁士的东部地区不同，东部地区原为条顿骑士团国，后建立普鲁士公国，归顺波兰。1701年，普鲁士公国升级为强大的普鲁士王国。波属普鲁士包括从前的格但斯克沿海区，托伦在内的海乌姆诺地区，以及马尔堡和埃尔布隆格在内的维斯瓦河东部流域。在1466年并入波兰以后，该地区仿照波兰的区划分为三个省：沿海省、海乌姆诺省和马尔堡省。但瓦尔米亚仍是一个独特的行政单位，也是波属普鲁士最大的主教区。波属普鲁士地区的总面积约为 2. 39 万平方公里，其中瓦尔米亚约占 4 250平方公里。

在哥白尼生活时期，这些地区仍保留有条顿骑士团统治的明显痕迹。马佐夫舍公爵康拉德三世为了在不信基督教的普鲁士人中推行基督教，在 1226 年把条顿骑士团引进海乌姆诺地区。条顿骑士团建立了自己的国家，并成为波兰的危险敌人。14 世纪，条顿骑士团从波兰手中夺走了格但斯克沿海区和库亚维的一部分，并不断对波兰进行武装袭击，通过欺骗和暴力手段建立了一个强大的军事化国家。条顿骑士团把自己征服的地区划分为四个主教区：波梅拉尼亚主教区、瓦尔米亚主教区、桑比亚主教区和海乌姆诺主教区。每位主教只掌管主教区的三分之一地区，而其余地区归骑士团所有，主教仅拥有宗教权力。瓦尔米亚主教区的情况正是这样，主教区只有一部分归主教掌管，而这一部分又被进一步划分：主教本人管辖三分之二，三分之一则由神甫会管辖。瓦尔米亚神甫会于 1260 年成立，从 1279 年起就不受世俗裁判和主教裁判权的约束，并且被免除了各种兵役、劳役和其他负担。因为神甫会对其管辖地区的权力和主教对其管辖区的权力一样，因此瓦尔米亚主教和神甫会之间不止一次发生有关职权范围的争执。骑士团的武装魔爪不仅笼罩着宗教事务，也笼罩着普鲁士的各个城镇。

瓦尔米亚的神甫们总是用羡慕的眼光看着波兰，那里的自由正在不断扩大，国王赋予教会很多特权，也关心各城镇的情况。瓦尔米亚的神甫和他们的主教渴望获得教会能在波兰所享有的自由。早在条顿骑士团统治时期，他们就渴望获得自己选举瓦尔米亚主教和安排神甫会人选的权利，而骑士团则希望取缔瓦尔米亚主教的特殊地位，使他们完全听命于自己。正是在这种情况下，骑士团的骑士们和瓦尔米亚的主教以及神甫会之间不断发生冲突。因此，神甫会对骑士团不满，而随着时间的推移，甚至产生了敌对情绪。在格林瓦尔德战役期间，瓦尔米亚神甫会自愿把堡垒交给了波兰军队。在56年之后，瓦尔米亚才加入波兰，而56年间条顿骑士团加强了对这一地区的统治，激起了瓦尔米亚居民和神职人员日益强烈的仇恨。条顿骑士团的过分剥削和压榨在利兹巴克、弗龙堡、奥尔什丁和许多其他城市引起动乱，在农村也出现了骚动。此种形势对神甫会产生了影响，迫使他们加入了反条顿骑士团的普鲁士邦联。1454年5月28日，瓦尔米亚神甫会向波兰国王卡齐米日四世·雅盖隆契克进贡，并宣誓效忠波兰国王。在十三年战争期间，他们和波兰军队联合行动，从条顿骑士团的奴役下解放了普鲁士。根据结束十三年战争的《第二次托伦和约》，1466年，瓦尔米亚正式归顺波兰王国。

当哥白尼来到瓦岑罗德身边时，正是这位雄心勃勃的地区管理人不顺利的时候。瓦尔米亚像一座半岛一样，三面被条顿骑士团国所包围，而那时来自条顿骑士团的威胁明显加剧了。骑士团的大团长萨克森公爵弗里德里希破坏《第二次托伦和约》的规定，拒绝再向波兰统治者宣誓效忠，并要求把波属普鲁士并入骑士团领地。在这期间，神圣罗马帝国皇帝马克西米利安一世也企图把格但斯克和埃尔布隆格的司法权和税收权收归帝国掌管。

普鲁士的内部形势动荡、公共秩序混乱、行政管理杂乱无章、政权软弱无力，出现了普遍的社会危机。由于波兰货币和普鲁士货币之间的比价没有正式确定，影响了经济发展，导致市场紊乱。更有甚者，条顿骑士团大团长仿效其他统治者，开始制造假货币，将含金量不足的货币投放市场，排挤格但斯克和托伦制造的正规货币。国王扬·阿尔布雷赫特原想在普鲁士实行改革，但1501年他的早逝结束了其短暂的统治，未能来得及实施自己的想法。他的兄弟——王位继承人亚历山大·雅盖隆契克也有类似的愿望。普鲁士邦联因担心派驻当地的钦差大臣的权限会进一步扩大，也期望改革。正是在这种情况下，普鲁士邦联和瓦岑罗德主教拒绝向新登基的国王宣誓效忠，他们要求新国王亲自到普鲁士改革内部关系。与国王的谈判一直延续到1504年。从1503年起，哥白尼经历和目睹了这一切。

最后几年，瓦岑罗德主教的态度和他所处的形势不断发生变化。1489年，与国王卡齐米日四世·雅盖隆契克的愿望相悖，瓦岑罗德在主教区首府弗龙堡就任瓦尔米亚主教，后来他把官邸设在了利兹巴克。国王一直在寻找机会除掉他不喜欢的这位主教，然而瓦岑罗德是一名很精明的政治家，他从不给国王以任何可乘之机，他推行的政策也是符合波兰和波兰统治者利益的。瓦岑罗德继承了家族反抗条顿骑士团的传统，这使条顿骑士团对他十分痛恨。为了向瓦岑罗德报复，条顿骑士团在罗马教廷对他进行诬陷，从此切断了他向更高一级神职晋升的道路。

瓦岑罗德主教和波兰国王之间的不睦一直持续到卡齐米日四世去世才得以结束。主教的朋友扬·阿尔布雷赫特的短暂统治，以及国王想把条顿骑士团转移到波多利耶的主张的破产，致使瓦岑罗德改变了方针。扬·阿尔布雷赫特在世时，摩尔达维亚远征失败之后，瓦岑罗德就偷偷地开始同条顿骑士团谈判。他甚至假装支持大团长萨克森公爵弗里德里希的这种愿望，即通过外交途径摆脱作为波兰领地的地位并恢复对波属普鲁士的统治。他想借助条顿骑士团，在条顿骑士团的庇护下，在自己的教区进行改革，而条顿骑士团则必须支持他争取晋升红衣主教的努力。与此同时，他也不想同波兰脱离关系，所以还得继续反对条顿骑士团。但条顿骑士团一直把瓦岑罗德看成是他们的仇敌。瓦岑罗德同卡利马科斯一道提出的把条顿骑士团引诱到波多利耶的想法，是骑士团无法原谅的。

我们不知道哥白尼怎样看待主教对条顿骑士团态度的变化，但从哥白尼后来的言行可以看出，他没有称赞舅舅的这一行动。哥白尼和瓦岑罗德一道参加了反条顿骑士团的活动，这使条顿骑士团从哥白尼出现在利兹巴克的头几年就开始注意他。冯·艾森贝格尔在一篇嘲讽瓦尔米亚主教的文章中也丝毫没放过主教的这位外甥。普鲁士和瓦尔米亚主教面临如此艰难、复杂和危险的形势，只有波兰国王亚历山大·雅盖隆契克有能力加以解决。国王加冕已经三年，普鲁士邦联一直期望着他的到来，以便在普鲁士向他宣誓效忠，这样可顺便让他解决一下各种急迫问题。普鲁士邦联希望把这次会见搞得尽可能隆重，使国王满意，以便从国王那里争取到尽可能多的东西，而拖延宣誓效忠的仪式对当事人自己可能是危险的。瓦岑罗德主教在此处起了首要作用。正是在这个时期，哥白尼开始了自己的公务活动，他在舅舅身边了解到相关问题的一些机密。他熟悉了自己开展活动的地区，知晓了这个地区存在的问题，也懂得了怎样利用自己在大学所学到的知识。波兰贵族议会制的发展，要求他更多地了解法律、行政原则和管理机关的职权范围以及处理问题的方法。哥白尼在大学学的虽然是教会法，但不仅适用于宗教活动，也有助于处理世俗事务。

1504 年的新年，哥白尼是同舅舅和神甫扬 · 斯库尔泰蒂在一起度过的，他们参加了在马尔堡市政厅举行的普鲁士邦联代表会议。随后的两个月，哥白尼参加了紧张的迎接国王的筹备工作。当时，整个波属普鲁士，甚至整个波兰都注视着哥白尼的故乡——托伦，因为国王来访的主要仪式都在那里举行。1504 年 3 月 21 日，瓦岑罗德主教从利兹巴克到达托伦。哥白尼为督办筹备工作提前到了托伦。国王亚历山大 · 雅盖隆奇克偕叶莲娜王后于 4 月 2 日来到托伦。

随后，国王用两个月时间巡视了波属普鲁士，并接受居民的礼贡。哥白尼参与了国王的全部巡视活动。5 月 12 日，国王和王后的巡视开始，路线经马尔堡到埃尔布隆格。国王和王后出游六天后抵达埃尔布隆格。这支前呼后拥的大队伍行动缓慢，受到沿途居民的热烈欢迎。埃尔布隆格举行了盛大的欢迎仪式，市议会和全体居民一道迎接国王。哥白尼来到埃尔布隆格后不得不处理一些其他事务。5 月 20 日，哥白尼和瓦尔米亚主教办事处主任帕维尔 · 多伊泰瓦尔德一起参与审理了埃尔布隆格市民菲利普 · 霍尔凯内尔和其妻子卡塔日娜的案件，这次审判在古城圣尼古拉教堂举行。哥白尼作为教会法律专家，是这次审判中的权威人物，他扮演了法官和顾问的角色。第二天，他同舅舅一起前往格但斯克，并目睹 6 月 2 日市民向国王进贡的情景。哥白尼后同主教一起去了马尔堡城堡，并参加了 6 月 11 日起在那里举行的会议。国王向波属普鲁士议会讨论了向波属普鲁士派遣一名王国常驻代表的问题。会谈结果决定派谢拉兹省长安布罗斯·帕姆波夫斯基担任这一职务，同时也令其兼任马尔堡执政官。这个常驻代表不是由王国直接派遣，而是由其他地区的官员出任，这可能是激烈地讨价还价的结果。

伴随国王和一些杰出的政治家巡视波属普鲁士，使哥白尼有机会直接接触该地区的最重大问题，并了解它们的解决办法。这三个月，哥白尼了解到波属普鲁士的重要法律和制度情况，也明确了全国的利益所在。这使他认识到同波兰保持或加强不可动摇的联系是重要的，而且是必需的。从普鲁士最大城市居民的进贡活动中，哥白尼看到了波兰国王的威望。1504 年底，哥白尼参加了普鲁士邦联代表大会和其他各种会议，这些会议讨论了国王的访问结果，并且制订了今后的政策和行动方针。从此之后，哥白尼多次参加此类会议，成了普鲁士各地区和各城镇代表之间讨论和争吵的见证人。

涉足政坛

在陪同国王巡视波属普鲁士期间，哥白尼不得不在整顿波属普鲁士的内部秩序上花费精力，主要是解决有关行政、司法和治安方面的问题。瓦尔米亚主教对波属普鲁士内政有着决定性的影响，而作为主教助手的哥白尼，也拥有很大发言权。

1506年8月20日至9月25日，普鲁士邦联在马尔堡举行了一次重要的代表大会，以安杰伊·鲁扎·博雷绍夫斯基为首的钦差大臣们参加了大会。哥白尼不仅参加了这次大会，而且参加了大会的筹备工作。通过这次代表大会，哥白尼不仅了解到该地区的各种关键问题，也了解到普鲁士贵族、各城市以及神职人员之间的利害冲突。他亲身感受到，条顿骑士团对瓦尔米亚怀有野心。他亲眼看到，利益集团之间在无休止地争吵，而狡诈的条顿骑士团正伺机反扑，企图再次夺回半个世纪前摆脱了他们统治的地区。

除了处理公事以外，哥白尼还要帮舅舅处理私事。他成功地调解了瓦尔米亚主教和格但斯克市民之间的冲突。这场冲突因一块封地而起。这块土地位于埃尔布隆格地区的维斯瓦河三角洲上，是一块冲积土地，土质非常肥沃。1457年，波兰国王卡齐米日四世·雅盖隆契克将这块沃土当做抵押品租给了格但斯克市民；而1505年，国王扬·阿尔布雷赫特又把这块土地赠给了瓦岑罗德主教，这就引起了矛盾。主教想用很少的代价把这块土地赎买回来，而格但斯克市议会却不想出卖这块有利可图的财产，于是矛盾就尖锐起来。一向容不得反对意见的瓦岑罗德主教为此大发雷霆，他把钦差大臣们找来，请他们帮忙，共同商讨对策。为解决这个问题，还专门成立了一个委员会，哥白尼作为神甫会的代表参加了该委员会的工作。

亚历山大·雅盖隆契克国王的死去，在普鲁士和利兹巴克官府引起了不小的混乱。普鲁士邦联深感失去了一位可信赖的统治者，而对瓦尔米亚主教来说，则失掉了一位从青年时代起就要好的朋友。他无法预料新的王位继承人会如何行事，是否会承认和赞成波属普鲁士地区所享有的各种自由。1506 年 12 月 8 日，齐格蒙特一世被选为新国王。波属普鲁士派往彼得库夫的使团没能赶上国王的选举仪式，于是又前往克拉科夫，参加新国王的加冕仪式。这个使团由瓦尔米亚主教率领，在圣诞节前夕出席了在瓦维尔大教堂举行的加冕仪式。哥白尼也跟随舅舅参加了这场仪式，不是作为瓦尔米亚神甫会的代表的话，就是作为主教的随行医生。哥白尼和舅舅一道在克拉科夫逗留了两个多月。从上大学以来，哥白尼已三次经历并目睹了国王的加冕活动。这次他顺便游览了繁华的克拉科夫，访问了大学，也见到了大学时期的老朋友和熟人，并结识了新的朋友。

齐格蒙特一世的登基，揭开了波兰历史的新篇章，这个时期的波兰出现了空前的昌盛局面，经济和文化呈现出一派繁华景象。卡齐米日三世·维尔基国王及其继承者们所付出的努力在这个时期结出了丰硕的果实。齐格蒙特一世是卡齐米日四世·雅盖隆契克的王子中最后一个登上波兰王位的。无论是国王还是王后都酷爱艺术，因此人们把这对伉俪称作王位上的人文主义者。

文艺复兴时期的文化、科学和艺术在整个波兰传播开来，并且在一些杰出的艺术品、文学作品和典型建筑中得到了充分体现，这些优秀作品至今令我们叹为观止。在舅舅身边工作，使哥白尼得到了不少从事行政工作的经验，遇事能够独立提出自己的见解。哥白尼的工作深得弗龙堡神甫会的赞赏，神甫会让他负责并担当了各种行政和经济职务。作为神甫会的视察员，他曾负责财政监督工作，对神甫会的全部财产和各种财政事务进行监督。从 1510 年起，哥白尼还担任瓦尔米亚神甫会办公厅主任的职务，还负责食品供应处的工作。这一时期，哥白尼常常奔波于利兹巴克—弗龙堡—奥尔什丁—马尔堡这条路线上。只有几次哥白尼得以离开瓦尔米亚地区，甚至离开波属普鲁士到波兰本土去。

哥白尼的工作旨在保障波属普鲁士内部的安全，主要针对十分猖獗的强盗集团。然而，这些强盗集团是得到条顿骑士团支持的，这就使波属普鲁士和条顿骑士团的关系紧张起来，矛盾日益尖锐。哥白尼还参与了巩固波兰国防的工作，当时波兰正面临鞑靼人入侵的威胁。在举行加冕典礼期间，国王齐格蒙特一世就曾要求普鲁士邦联出资，以便加强波兰的国防，抵御外来侵略。国王所指的外来侵略首先就是指鞑靼人的进攻。在1507年6月初，普鲁士邦联在格鲁琼兹召开代表会议，会议通过了有关缴纳国防税的决议，但收税工作却进行得非常缓慢。为此，1507年9月1日在埃尔布隆格又举行了新的代表会议，再次讨论税收问题和内部安全问题。哥白尼和舅舅以及弗龙堡的神甫安杰伊·克莱茨一起参加了埃尔布隆格会议。马尔堡执政官安布罗斯·帕姆波夫斯基在会上向普鲁士邦联的各位议员提出，必须改进国防税的收缴工作。关于内政问题，讨论得最多的是如何与得到邻国——条顿骑士团国支持和纵容的强盗集团进行斗争的问题。瓦尔米亚主教特别强烈地谴责了强盗及其披着教士外衣、带着黑十字的庇护者们。根据瓦岑罗德主教的建议，代表会议通过了致条顿骑士团骑士和条顿骑士团国两座最大的城市——柯尼斯堡和巴滕施泰因的几封信，信中呼吁他们不要援助强盗。哥白尼从这里又一次看到，不断伤害波兰的条顿骑士团的行径对他的国家构成了怎样的巨大危险。

通过参加瓦维尔宫的各种仪式，以及参加在彼得库夫－特雷布纳尔斯基举行的议会会议，哥白尼对全国性的事务有了更深入的了解，同时也看到各地议员们从地方利益出发所表现出的抵触情绪：他们反对统一普鲁士地区和王国本土的货币，因为普鲁士货币的汇率较高；他们也反对让安布罗斯·帕姆波夫斯基作普鲁士最高法官的候选人；但是，他们在恪守 1466 年《第二次托伦和约》有关波属普鲁士同波兰合并的决议方面，没有任何异议。在更好地保卫自己的疆土和城堡免遭条顿骑士团攻击方面，波属普鲁士的议员们同国王的想法是一致的。

条顿骑士团的情报机关对哥白尼也产生了兴趣，尤其是哥白尼的一些著作引起了他们的注意。作为一名天文学者，哥白尼熟悉制图工作，并且能绘制地图。瓦岑罗德曾吩咐他绘制一张瓦尔米亚和波属普鲁士西部边界的地图，也就是波兰和条顿骑士团国家交界地区的地图。在去波兹南参加会议之前，哥白尼还没来得及画完这张地图，但具有远见的瓦岑罗德让他把未画完的地图也带上了。因此，骑士团的奸细们无论在利兹巴克，还是在弗龙堡，把哥白尼的住处翻了个遍，也未能找到这张地图。

法比安·泰廷格·卢兹扬斯基和波兰的科希切拉克家族有亲缘关系，他的祖父在十三年战争时期曾忠实地为卡齐米日四世·雅盖隆契克服务。法比安的父亲——尼古拉·泰廷格曾经置自己的家庭和个人的性命于不顾，遵照国王的命令保卫雷谢尔城堡。不幸的是，法比安落入条顿骑士团之手。条顿骑士团为了迫使法比安的父亲交出雷谢尔，威胁要杀死法比安。后来，小法比安侥幸逃出了。在博洛尼亚学习时，他遇到了哥白尼。1490年，法比安进入瓦尔米亚神甫会，1512—1523年担任瓦尔米亚主教。在这一时期，法比安和骑士团保持着秘密往来。从他的书信中表明，他曾向条顿骑士团许诺，如果有合适的机会，他将把哥白尼绘制的地图偷来献给大团长。1510年6月11日，他写信给等得不耐烦的骑士团大团长说：为了得到地图，他使用了许多办法，搜查了“尼古拉博士的所有房间”，但始终也没有找到。他想，大概是哥白尼“随身带走了，或者锁在箱子里了”。可以想象，法比安搜查了哥白尼在弗龙堡的住处，因为法比安是那里的神甫，并且住在那里。他没有搜查在利兹巴克主教官邸里哥白尼的住处，因为那会引起怀疑。虽然他想了许多办法，但始终没有偷到这张地图。后来，随着事态的发展，他改变了对条顿骑士团的态度。哥白尼丝毫也没发现自己的大学同学、现在的亲密同事、和他一道管理神甫会财产的法比安，竟然和敌对的邻国有着秘密往来，并且一直在监视他的行动。

行政工作十分繁杂，而内政、外交事务也颇费心血，但就在这一片繁忙之中，哥白尼还是找到了从事科学工作和文艺创作的时间。在利兹巴克逗留期间虽然很短暂，但哥白尼正是在这段时间内完成了几年前在博洛尼亚开始的一项翻译工作。他把公元7世纪拜占庭作家泰奥菲拉克特·西莫卡塔的希腊语作品《风俗、田园和爱情信札》翻译成了拉丁语。这是哥白尼的第一部作品，出版于1509年，出版者是克拉科夫一位有名望的印书人——扬·哈勒。这部作品在波兰印刷史上占有重要地位，不仅因为它的译者著名，也是因为它是波兰印刷的第一部从希腊语译成拉丁语的作品。该书出版以后，哥白尼将一个题字的精装本呈献给舅舅，并顺便给舅舅写了一封信，信的内容如下：

尊贵的瓦尔米亚主教乌卡什先生：

最值得尊敬的先生和祖国之父，我深深地感到……那位泰奥菲拉克特·西莫卡塔将自己的风俗资料、乡村通信和爱情信札收集起来，大概是出于这样一种考虑，即认为没有什么能比多样化更吸引人的了，不同智力的人在不同的事物中得到乐趣，一部分人被严肃的重要事物所迷住，另一部分人则被轻松愉快的事物所吸引；有人接受冷静话语的诱惑，也有人却迷恋于童话故事，真乃各有所好。事情就是这样，轻松和严肃混合在一起，放纵与苛求融为一体，读者才可以从中加以选择，就像在百花园中采摘鲜花一样，每个人都能找到自己最喜爱的。此书包括许多有用的东西，我们不能把它单纯看做普通的书信，应该看做人类生活的规范。这些书信之精彩足以证明这一点。这里所收集的全是最精彩和内容最丰富的作品。对描写风俗习惯和田园风光的作品，人们一般不会产生疑虑；而描写爱情的作品，虽然从题材上看像是轻松愉快的读物，实际上却是很有分寸的，这些作品其实也应该划归风土人情一类，这就好像医生用来缓解药物苦味的糖一样。因此，认为只有希腊人才能读这本书那是不公道的。懂拉丁语的人对这本书了解得太少，于是我尽力把它译成了拉丁语。最值得尊敬的先生，我向

> 您奉上这个小小的礼物，不成敬意，这和您的恩惠是无法相提并论的。然而，每当我付出努力或者我的微薄能力取得什么成果时，这一切都应该归功于您。

哥白尼希望通过这些言辞表达自己对舅舅的感激之情，感谢他多年的关怀和帮助。但哥白尼在信里过分地贬低了自己的能力，他的朋友瓦夫日涅茨·科尔文在为这本译作撰写的序言中高度评价了他的才能。科尔文也注意到了哥白尼的天文学爱好，在序言中他这样写道：

> 他注视着月亮的迅速运动、注视着太阳和星星，并且描绘它们在巨大天空中的运行轨迹，描绘天空这个杰出、万能的造物的形象以及各种天象形成的原因。最令人惊奇的是，他能解释天体运行的规则。哥白尼还花费很多时间翻译了一些700年前的诗歌。

哥白尼会利用闲暇时间对天体进行观测，但在利兹巴克生活期间，他可以从事天文爱好的时间是很少的。大约在1507年，他开始撰写第一篇天文学论文。在这篇论文里，他勾画出自己学说的雏形。这篇论文的题目是《浅说关于天体运动的假设》。哥白尼在利兹巴克观测了月食，丰富了他多年积累起来的有关星际现象的知识。甚至在克拉科夫逗留期间，他就对1509年6月2日出现的月食作了观测。这次月食对他的理论发展非常重要，因为这次月食同托勒密观察到的月食非常相像，使得哥白尼有可能对希腊天文学家的计算加以验证。在哥白尼的一生中仅此一次，之后再也没出现这种观测机会。

在后期，哥白尼同舅舅的关系不大融洽。1510 年秋，哥白尼离开利兹巴克，回到自己在弗龙堡的住处，并在那里度过了三十多年。1512 年 1 月 19 日，哥白尼在耶日 · 冯 · 德拉韦神甫陪同下在什图姆的城堡会见了瓦岑罗德。这是哥白尼最后一次同舅舅会面，因为不久之后瓦岑罗德主教就去世了。主教在温奇查突然患病，而且病得很厉害，3 月 26 日被送回故乡托伦；3 月 29 日，教会为他做了弥撒，并由海乌姆诺主教扬 · 科诺帕茨基为他举行了临终涂油仪式。当时，教会还派人去请一些最优秀的医生来给他看病，其中也包括哥白尼。但在舅舅的遗体下葬的时候，哥白尼才赶到。乌卡什 · 瓦岑罗德主教于 64 岁去世，葬礼于 4 月 2 日在弗龙堡举行。

发表《短论》

在哥白尼生活时期，瓦尔米亚主教区的首府弗龙堡，大约有1 500名居民。大教堂建在一个高地上，从那里可以俯瞰维斯瓦河入海口的景色。高地周围建有城墙，城墙里边是瓦尔米亚神甫会神甫的住宅。哥白尼花了 175 个格日夫那从神甫会买下了位于城墙西北角的一栋房子。神甫住房、大教堂和要塞是同时建造的。1499 年 7 月 3 日，神甫会通过决议，仿照城市，把塔楼、箭楼和城门划分给各行会负责维护和守卫，并把城墙上的所有塔楼都划分给具体的神甫管理。神甫有义务维护这些塔楼，并使其保持战备状态。这项决议对哥白尼而言具有十分重要的意义，哥白尼很快便把自己的塔楼改装成了天文观测台。

作为瓦尔米亚神甫会的成员，哥白尼必须承担神甫会交给他的许多行政事务。在瓦岑罗德身边时，他就接触了不少，到弗龙堡长期定居后，需要他承担的事务就更多了。在 1510—1516 年间，他担任过许多行政职务，履行了许多行政义务，但并没得到额外报酬。1510 年 11 月 8 日，神甫会选举哥白尼担任视察员，对神甫会在奥尔什丁和佩尼恩日诺佃户区的财产进行管理工作和督察。1511 年 1 月初，哥白尼和自己的同事法比安·卢兹扬斯基一同在奥尔什丁进行了视察，收缴了一部分应缴神甫会而未缴的钱款并带回弗龙堡。从 1510 年 11 月到 1513 年 11 月，哥白尼担任相当重要的行政职务——神甫会办公厅主任。根据这项职务的要求，他负责拟写给波兰国王和条顿骑士团的信件，为各种正式文件加盖印章，监督神甫会的账目。1512 年，他还管理过食品供应，即负责监督各面包厂、啤酒厂和磨坊的工作，以及神甫们日常食品的分配。此外，佃户向神甫会缴纳的钱款也由哥白尼来负责接收。由于公正地履行了这些义务，1516 年 11 月 8 日，他又被选为任期三年的神甫会财产管理人。担任这些行政、经济职务，使他对经济问题有了实际了解，这对他成为神甫会经济和财政的改革者起到了重要的作用。

瓦岑罗德去世不久，哥白尼就接触到了选举主教的问题。这不仅对瓦尔米亚主教区和弗龙堡神甫会非常重要，对波兰也具有重要意义。这次选举引起了以国王为首的波兰重要政治势力的关注，也引起条顿骑士团国及其他邻国甚至梵蒂冈的关注。国王齐格蒙特一世希望能把自己的亲信安插到瓦尔米亚主教的职位上，而神甫会的一些成员则渴望安排自己物色的人选。面对条顿骑士团想攫取瓦尔米亚，甚至占领整个波属普鲁士的企图，国王更希望瓦尔米亚主教能是一位可信赖的和忠于自己的人。乌卡什·瓦岑罗德主教临终前曾经嘱咐神甫会选举拉法·乌莱什钦斯基或扬·奥莱希尼茨基担任主教，大概是为了对付来自条顿骑士团的威胁，因为这两位神甫都出身于波兰本土的富有家庭。然而，神甫会并没有尊重这位已故主教的意愿，在主教去世一周后，于1512年4月5日匆忙地推选法比安·卢兹扬斯基担任主教。选举法比安·卢兹扬斯基是对国王意愿的迁就，因为卢兹扬斯基的祖辈曾参加过反对条顿骑士团的十三年战争，他坚定地站在波兰一边。他与骑士团的秘密往来和企图偷窃哥白尼绘制的地图诸事，当时还是秘密，除条顿骑士团以外，谁也不知道。哥白尼参加了神甫会的这次选举，但他只能服从多数人的意志，对新选出的主教投赞成票。新主教签署了所谓的选举协定，旨在保证神甫会对政治事务和瓦尔米亚的管理问题具有决定性的影响，而这正是推选候选人时所提出要达到的一个目标。他们希望国王会很快接受这一既成事实。第二天，哥白尼和其他神甫们一同在神甫会的会议上签署了给蒂德曼·吉斯的全权证书，授权他到罗马去争得教皇同意此次选举结果。6月1日，神甫会又派遣扬·斯库尔泰蒂和巴尔撒泽·斯托克菲希就这次选举结果去和国王进行协商。

然而，神甫会的希望落空了。国王齐格蒙特一世认为这次选举破坏了他在瓦尔米亚的权力。尽管国王对法比安·卢兹扬斯基有好感，但并不想纵容这次背着他、未经他允许的选举。可是，波兰国王对卢兹扬斯基并没有什么成见，鉴于其祖辈曾对自己的父王卡齐米日四世·雅盖隆契克作过贡献，国王已有倾向同意瓦尔米亚的这次选举结果，但神甫会必须接受国王提出的一些条件。接着，国王又给教皇写了一封关于选举卢兹扬斯基为主教的信。1512 年 7 月 6 日，王宫的特别委员会与神甫会的两名代表共同起草了一项协定。该协定草案大意如下：当弗龙堡主教职务出现空缺时，神甫会将立刻派特使把主教去世的消息报告国王，并向国王提交瓦尔米亚所有神甫的名单。国王将从名单上选出四个合适的人选，然后再由神甫会在这四人中选出一名担任主教。神甫会要向国王报告选举结果，并请求国王把选举结果呈报教皇，以获取教皇的批准。教皇批准后，新当选的主教要宣誓效忠波兰国王。这一草案虽然遭到一些神甫的反对，但最终仍然得到了神甫会的批准。1512 年 12 月 6 日，神甫会举行仪式，授权安杰伊·克莱茨神甫和扬·斯库尔泰蒂神甫到彼得库夫的议会继续与国王进行谈判。神甫会的使节竭力缓和协定中提出的条件，并一直为此争取到最后一刻，但国王的态度反而更加坚决，一直不肯让步。12 月 7 日，签署了有关瓦尔米亚主教选举的协定，这个协定在历史上被称为“彼得库夫协定”。往后 250 年，它一直是波兰国王处理弗龙堡主教选举问题的基础。圣诞节的第二天，神甫会批准了这项协定。哥白尼参加了这次神甫会会议，并按照彼得库夫协定的规定，卢兹扬斯基主教宣誓效忠波兰国王。哥白尼的一生一直忠于这一誓言。

在和骑士团的冲突不断加剧的形势下，波兰国王承担了保障瓦尔米亚安全的重要义务。从1511年起，阿尔布雷希特·霍亨索伦担任骑士团的大团长。他是波兰国王齐格蒙特一世的外甥，却与哈布斯堡人一道推行反对波兰的政策，不择手段地破坏《第二次托伦和约》，并企图侵吞整个波属普鲁士。从1515年起，受骑士团国支持的匪徒和强盗就日益频繁地穿越边界，从骑士团国蹿到瓦尔米亚，对瓦尔米亚教区的居民进行敲诈勒索。两国的政治关系和经济关系日趋紧张，贸易往来长期受阻，甚至一度中断。1516年7月，臭名昭著的马特恩强盗集团的残余分子袭劫了埃尔布隆格的商人尼古拉·布腾霍尔特，把他抢劫一空，并砍去了他的两只手。佩尼恩日诺的神甫会城堡司令驱散了匪徒，还在骑士团的领土上抓获一名凶手。受条顿骑士团大团长支持的指挥官提出交涉，要求交出被监禁的强盗，并且归还该强盗的财物。瓦尔米亚主教法比安·卢兹扬斯基参与了这件事的处理。他征得神甫会同意后，对自己城堡司令的行动表示支持。这使瓦尔米亚同条顿骑士团的矛盾更加尖锐，韦代尔的同伙在骑士团高级官员支持下对瓦尔米亚，特别是针对主教和神甫们，展开了一场独特的私人战争：毁掉他们的财产，袭击布拉涅沃附近的村镇，对居民进行恐怖活动。在这种情况下，神甫们向自己的统治者和监护者——齐格蒙特一世控诉了条顿骑士团的罪行。

然而，国王没有迅速提供援助，直到1517年才派了一部分军队到瓦尔米亚去。在孤立无援的情况下，法比安·卢兹扬斯基主教亲自到骑士团大团长阿尔布雷希特那里进行交涉，但这次交涉并没有带来预期效果。因为条顿骑士团诡称和强盗没有任何联系，也不承认向他们提供过什么援助。主教被条顿骑士团编造的谎言所激怒，给阿尔布雷希特写了一封信，信中指出：“这些暴徒既不会上天，也不可能入地。”

面对强盗的骚扰，必须组织防御，而这就需要有相应的财政支出。于是，神甫会在1516年7月底对自己的资金储备进行了清查，以便从中拨出一部分用作防御开支。在这种严重情况下，神甫会把财产管理工作委任于尼古拉·哥白尼。危难之时推举哥白尼担任此职，说明哥白尼在神甫会中是很受尊重的。从担任奥尔什丁和佩尼恩日诺神甫会财产管理人起，哥白尼的人生就揭开了新的篇章。

这一时期，哥白尼除了出版一本译著《泰奥菲拉克特·西莫卡塔诗集》以外，还从事了天文学及其他许多研究工作。最早在利兹巴克，在舅舅官邸工作时，哥白尼就开始构思自己的天文学著作。他曾向要好的神甫透露过自己的理论，这些知情的神甫也鼓励他公布迄今所得的研究成果。对哥白尼从事的天文学研究工作了解最多的，除了舅舅瓦岑罗德以外，就要属蒂德曼·吉斯了，正是吉斯从英国买回来一个太阳钟和一台观察昼夜平分时的仪器。吉斯是为神甫会购置这些东西的，买回来以后也是作为神甫会的财产，然而这些东西正是哥白尼从事天文观测所十分需要的。

大约在1515年，哥白尼以书信形式撰写了一篇简短的摘要，寄给自己的朋友和相熟的天文学家。这篇摘要开头的一句话是“尼古拉·哥白尼简短论述自己提出的关于天体运动的假设”，于是这篇从未出版的著作就被称为《短论》。《短论》几乎传遍整个欧洲，哥白尼在《短论》中简明扼要地阐述了他日心说的基本思想：

一、不存在一个所有天体及其轨道的共同中心。

二、地球的中心不是宇宙的中心，只是引力中心和月球轨道的中心。

三、所有天体都围绕作为中心点的太阳运转，因此太阳位于宇宙的中心附近。

四、日地距离和天穹高度之比，比地球半径和日地距离之比还要渺小得多。日地距离和天穹高度之比是微不足道的。也就是说，由地球绕太阳公转所造成的观察角度的变化（表面上看似乎是行星在移动），被称为视差位移，它同观察者与天穹——观察者与各行星的距离相比，简直太小了，所以这个变化很难被发现。

五、在天空中看到的所有运动，都是由地球自己运动造成的。因为地球连同环绕它的自然要素（水和空气）一起，每日围绕不变的中轴旋转一周而天穹不曾运动。

六、在天空中看到的太阳在运动的一切现象，都不是因太阳运动产生的，而是由地球及其大气层运动引起的。地球带着它的大气层，像其他行星一样围绕太阳旋转。由此可见，地球同时进行着几种运动。

七、人们看到的行星向前或向后的运动，都不是行星自身的运动，而是因地球自身运动使人产生的错觉。地球运动的本身就足以解释人们在天空中观察到的各种各样的天象。

接着，哥白尼描述了太阳和月球的视运动，然后是土星、木星和火星以及金星、水星的视运动。《短论》用这样两句话结尾：“这样，水星总共按7个圆运转，金星沿5个圆运转，地球沿3个圆运转，月球围绕地球沿4个圆运转；而火星、木星和土星各沿5个圆运转。因此，总共34个圆，就足以说明整个宇宙的构造和行星所跳的全部舞蹈了。”

哥白尼在《短论》中抨击了托勒密理论。托勒密认为地球是宇宙的中心，所有天体，包括太阳，都围绕地球运转。同时，《短论》也是对以托勒密地心说为基础的世界观和哲学体系的抨击，使占星术失去了存在的意义。占星术通过观察天体运动

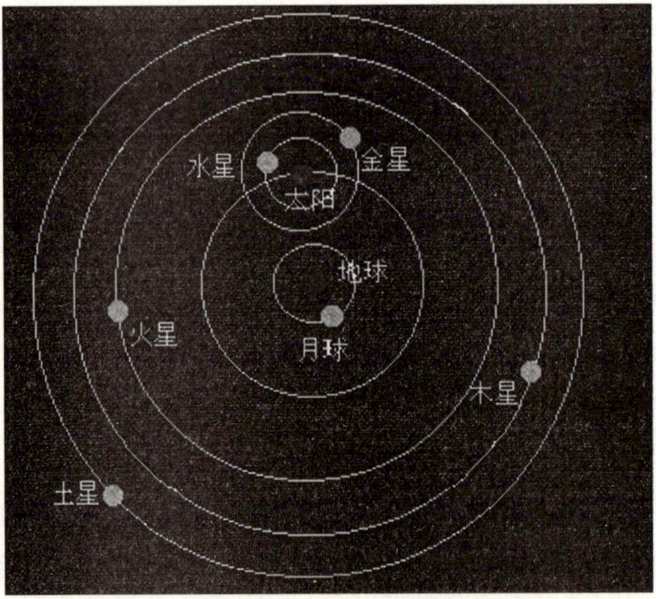

托勒密认为地球是宇宙的中心

预测未来，曾被看成是一种“科学的”理论。上文所述的第三点和第七点是哥白尼日心说的基本含义。《短论》中提出的地球每日围绕自己的中轴旋转一周和每年围绕太阳旋转一周的理论是惊人的创说，而哥白尼的这一惊人发现竟然是借助普通的简陋仪器——象限仪、三角仪和捕星器取得的。象限仪不过是用木板做成的一个正方形，板上绘制了四分之一弧，在圆心处钉了一条细棍，用于观测太阳的位置，主要是测量太阳在中天时的高度。三角仪是由三根活动的尺子构成的，用于观测月球。捕星器是哥白尼用来测量月球与行星的位置及角度的工具，是由六个摆放在相应位置上的带有刻度的圆环构成的。

匈牙利邮票“日心说与哥白尼”

哥白尼的期待落空了。他的《短论》寄出后，并未引起收信人的很大兴趣，也未见到任何良好的反应。没有人敢违背以教会权威和《圣经》论述为支柱的公开理论来认可哥白尼的成果。所有人都保持了完全的缄默，或许有人可能在内心里承认哥白尼是有道理的，但嘴上却没说。

随着时间的推移，《短论》在欧洲越来越引人注目，并引起了截然不同的反应和争论。这时，哥白尼已经在编撰自己的主要著作了。《短论》为哥白尼赢得了一位最忠诚的学生，他就是维滕贝格大学的数学家、天文学家和医生格奥尔格·约阿希姆·冯·劳亨，又称雷蒂克。在了解了《短论》的内容以后，他决定亲自结识一下作者，于是便在1539年来到了弗龙堡。他在瓦尔米亚主教区首府逗留了两年，了解到哥白尼学说的基本内容。正是雷蒂克说服了哥白尼出版《天体运行论》一书。

在从事天文学研究的同时，哥白尼还着手改革历法。1513年，哥白尼接到改革历法国际委员会主席米德尔堡的保罗的邀请，让他参加改革方案的制订工作。不久之后，哥白尼把自己提出的历法改革方案寄给了该委员会的主席。但他拒绝到意大利直接参与这一工作，因为他认为只有准确地了解太阳和月球的运行情况后，才有可能进行历法改革，而当时太阳和月球的运行规律还在探讨之中。

鉴于对年、月以及太阳和月球运行轨道的长度尚缺乏精确计算，改革历法工作没有继续进行下去。三十年之后，哥白尼在《天体运行论》一书中公布了自己的研究成果。哥白尼的研究成果成为1582年教皇格列高利十三世颁布以自己名字命名的格列高利历的基础，这个新历法取代了以前按恺撒大帝指示制订的儒略历，并一直沿用至今。

第三篇 艰苦从政

青春应该是一头醒智的狮，一团智慧的火！醒智的狮，为理性的美而吼；智慧的火，为理想的美而燃。

——哥白尼

管理财政

负责管理弗龙堡神甫会广阔地产的人的正式称呼为“尊贵的瓦尔米亚神甫会的共同财产管理人”，俗称为“国家神甫”。这种管理人由神甫会全体会议选举出的一名神甫担任，选举一般在11月8日举行，每届任期为1—3年。1516年，患病的神甫克日什托夫·冯·苏赫滕在向神甫会提交传统的工作报告后提出辞职。神甫会接受了他的辞职请求，然后通过投票表决，选出尼克拉·哥白尼接替苏赫滕的职务，这是对哥白尼的极大信任。哥白尼一直管理神甫会财产至1521年6月。担任神甫会财产管理人，要承担许多经济和行政义务，需要掌管瓦尔米亚的两个地区奥尔什丁和佩尼恩日诺的经济和收入。担任这一职务的人可以毫不费力地利用职权为自己捞取可观的“油水”，这是当时常见的现象。因此神甫会总选举特别信得过的人担任这一职务，希望他是有一个有能力的好管家。神甫会章程规定，新当选的财产管理人要进行专门宣誓，保证如实地向神甫会报告奥尔什丁和佩尼恩日诺两个地区的所有收支账目。与此同时，还会采取许多监督性措施，旨在把营私舞弊和贪污的可能性减到最小限度。管理人有权对奥尔什丁和佩尼恩日诺地区受神甫会统治的所有人甚至包括居住在这里的贵族行使审判权，也有权罢免奥尔什丁和佩尼恩日诺两座城堡的司令官。此外，管理人还有义务对司库和其他掌管财务的人实行监督。管理人的工作主要是经济性的，因此他必须解决有关农村生活的所有问题，其中包括安置新移民、制定纳税标准等。哥白尼作为管理人，必须与各乡村的村长保持经常联系，以便从他们那里了解农村最紧迫的问题，如逃跑的农民情况以及农民之间交易和纷争的情况。许多问题都需要他亲自到当地进行干预。这就为他提供了一个空前的机会，使他有可能非常详细地了解瓦尔米亚，了解瓦尔米亚的需求和存在的问题。哥白尼甚至为此做了专门的笔记，记录了自己解决的问题。履行管理人义务占用了哥白尼很多时间，使他一直忙忙碌碌。如此一来，哥白尼用于科学研究和读书的时间就很少了。同时，他作为一名医生，还要为病人治病，又占去他不少时间。

哥白尼掌管的地产范围遍及奥尔什丁佃户区的59个村庄和佩尼恩日诺佃户区的60个村庄。除森林和湖泊外，土地总面积约为3 600海乌姆诺畹。此外，他还管理位于这片土地上的两座城堡，并负责维护两座堡垒的防御性能，并承担一些军事防御任务。作为行政管理人，他的办公地点就设在奥尔什丁城堡，该城堡位于奥尔什丁城西北部的韦纳河畔。奥尔什丁城堡连同这座建有堡垒的城市，是当时整个瓦尔米亚防御最完备的要塞。

虽然行政事务十分繁忙，但哥白尼并没因此停止天文学研究工作。奥尔什丁城堡里留下了他从事天文观测的痕迹。1802年，华沙科学之友协会的代表塔德乌什·查茨基和马尔钦·莫尔斯基来到奥尔什丁城堡寻访有关哥白尼的文物时，在围廊下面的墙皮中发现了哥白尼制作的一个长705厘米、宽140厘米的天文观测记录板。这块记录板是哥白尼观测和研究地球轨道不均衡性时所使用的。哥白尼在奥尔什丁观测二分点（春分和秋分）的时刻，首要目的是为了确定和计算出当时所使用的儒略历同实际情况的差距。公元325年，在威尼斯举行的主教会议上，春分被确定为3月21日，它成为推算复活节等其他不定期宗教节日的基础。由于当时历法的错误，致使每个历法年都比依据太阳通过两个二分点的时间计算出的天文年长11分钟。日积月累，历法年标示的二分点越来越晚，到哥白尼时期，误差已达10天之久。对历法进行修改便成了当时学者们热烈讨论的话题，并提出了各种各样的修改方案。改革历法问题终于提上了1512—1517年举行的拉特兰主教会议的日程，哥白尼对这些问题也很感兴趣。哥白尼从弗龙堡来到奥尔什丁时，未能带上所有仪器。尽管如此，他并不想中断已经开始的研究和观测工作。为此，他才制作了这块测定二分点时刻必不可少的记录板。

哥白尼选择了西南方向上的一面墙来制作这块记录板，这块墙的墙面被围廊遮掩着，他在顶棚上钻了一个小孔，阳光可以透过这个小孔射到墙板上。哥白尼每五天观察一次阳光在墙上移动的路线，并在墙板上标出来。二分点时刻是主要的观察对象，同时也是进行深入观测的出发点。每遇到观测日，哥白尼就不外出进行监督和视察。他对观测时间和外出时间的安排表明：有两次，职责所在和他的天文观测相冲突。哥白尼在奥尔什丁堡进行了许多次天文观测，《天体运行论》一书的第五章记述了其中的四次。在奥尔什丁城堡生活的这段时间，是他一生中活动最多的时期。哥白尼在奥尔什丁搜集资料，并初步编定了关于货币问题的经济学论文。1519 年 5 月，他还参加了瘟疫防治工作，这场瘟疫席卷了瓦尔米亚的北部地区。当然，在奥尔什丁生活期间，哥白尼的主要任务是履行其行政、经济职责，其他任务都是次要的。他的研究工作属于个人爱好，在计划中只能退居次席。

哥白尼在奥尔什丁负责管理工作时，正是神甫会的紧张重建和扩建时期。15 世纪末和 16 世纪初，瓦尔米亚经历了经济困难时期，这使神甫会的财政状况也大受挫折。在奥尔什丁佃户区，佃农手中近百分之四十的耕地荒芜。对神甫会来说，就意味佃租和其他收入减少了将近一半。种植谷物带来的可观收益刺激着神甫

哥白尼铜像

会，使他们采取各种有力措施去开垦荒地，并使现有农田得到充分的利用，以便从中获得尽可能多的收入。谷物在当时的西欧很畅销，出口盈利很多。开垦荒地和监督现有土地的利用是神甫会财产管理人的基本工作。管理人的工作还包括安排新农户去代替那些没有能力或对土地利用不当的佃户，特别要接管那些因佃农死亡或外逃而荒废的土地。随着佃农对地主承担义务的加重和对佃农自由限制的加深，佃农外逃现象日益严重，这是佃农对负担加重的一种反抗方式。从 1481 年起，神甫会财产的历届管理人都建有专用的经济账簿，被称为“荒废农田登记簿”，里头记录着神甫会财产拥有者和使用者的全部变动情况。从 1500 年的一本登记簿上可以看到，神甫会土地经营情况较前有明显好转，荒芜农田只占四分之一左右。哥白尼来这里任职时，正赶上这种移民活动的最后阶段。按照前任的做法，哥白尼也建立了登记簿，哥白尼作第一次记录的时间是 1516 年 12 月 10 日，最后一次记录是 1519 年 8 月 14 日，总共记了 15 页。

神甫会作为地产的主人对租种其土地的农民行使着领导权，这些佃农都隶属于神甫会；而神甫会行政管理人则是弗龙堡神甫们的全权代表，主管佃农事务。佃民租种神甫会土地一般按海乌姆诺的法律办理，只要能按时、按量地缴纳地租和其他费用，土地的使用权可以世袭。当时，瓦尔米亚佃农的人身还是自由的，在算清账目和找到接替人的情况下，可以放弃自己所租赁的土地。在乡村里，农民的顶头上司是村长，在哥白尼生活时期，村长的职权仅限于协助行政管理人维持治安。村长不再是更早以前那样能够决定农民租赁土地问题的那种村长了，这些问题要由行政管理人来决定。

1516—1519 年，哥白尼总共写下 66 条记录。他到瓦尔米亚乡下 65 次，其中到奥尔什丁佃户区的农村 53 次，到佩尼恩日诺佃户区的农村 12 次。每次下乡，哥白尼都在登记簿上用拉丁文进行记录。这些记录都是一些简短的纪实性文字，记录的是下乡所解决的问题，譬如安置新佃户或交换地产等。哥白尼春天或冬天下乡的次数最多，也就是在播种之前。两名侍从陪着他，一名是青年人希耶罗尼姆，另一名是沃伊切赫·谢布尔斯基。有时，奥尔什丁城堡的军队教士或佩尼恩日诺城堡司令也陪同他下乡。在哥白尼的公务记录中，很少有安置新人耕种撂荒多年土地的事情。在奥尔什丁佃户区仅发生过两起，那是 1519 年在迪维塔村为撂荒很久的六畹土地安置耕种人。其他安置工作都和耕种撂荒地、扩大耕种面积无关，主要是一些土地转让问题（交换或者购买），这类事件共有 32 起。为暂时无人耕种的土地（农民逃走或者死亡）安排农户——这类事件在行政管理人上任初期较多——也是 32 起。

为了不使外逃农民放弃的土地撂荒，哥白尼必须尽快为其安排新的佃户。一旦哪里发生农民外逃事件，哥白尼就要亲自到那里去，把被抛弃的土地、建筑物、牲畜、农具甚至谷物一起转交给新佃户，有时会允许新佃户在头一年免交租税、免除劳役、免纳公路养护费等。频繁的外逃事件促使哥白尼提出了一个新要求，那就是在签订新的土地租赁合同时，要有保人担保，如果被担保的农民弃田外逃，保人要承担相应的物质责任。在这种情况下，保人有义务接管被抛弃的地产，并承担相应的义务：经营这些土地直到安置新的佃户为止。这种保人多由租赁者的亲属和熟人来担当，有时也由村长担当，签订土地合同时，村长总要在场。哥白尼这种预防性措施并不过分，因为那时一块土地在短时间内就可能多次发生被放弃的事情。

在登记簿上哥白尼记载的另一类事情，主要是从形式上确认佃户的变更情况，譬如佃户出于某种原因把部分地产转让给其他农民等。有时由于欠债，农民或伤残农民把财产转让给了别人，双方均未偿还拖欠的债务。对这种交易，哥白尼采取了宽容态度，武伊托斯特沃村的孤寡老人老乌尔班就是其中的一例。哥白尼称老乌尔班为“年岁和名字都体现其‘老’的一位老人”，允许他卖掉自己的财产并自由地离开村子，尽管他的债务尚未还清。哥白尼还允许利普诺村上了年纪的彼得·普雷乌斯出售一畹半土地，并且规定由新佃户每年向他提供一个半格日夫那作为他的终身养老金。这些事例说明，哥白尼一方面关心神甫会的物质利益，另一方面也对农民采取人道主义的态度。

到瓦尔米亚来的移民，很大一部分是来自马佐夫舍地区的波兰农民。早在 15 世纪以前，那里就有人移居奥尔什丁佃户区了。在瓦尔米亚归顺波兰以后，向这里移居的人就更多了，到 15 世纪末已成为普遍现象。移民的到来，改变了瓦尔米亚农村的民族构成，原来居住在这里的农民以德国移民和当地土著居民为主。

作为神甫会财产管理人的哥白尼，是一位好管家。他不只为神甫会服务，也为农民着想。当然，这仍限于社会和法律条件允许的范围内。从哥白尼的行为中，可以清楚地看到他所采取的人道主义态度，他希望在他所管辖的地区内，经济能够得到平稳发展。

哥白尼在奥尔什丁地区管理经济事务时期，正是波兰和条顿骑士团的矛盾加剧——以瓦尔米亚主教和神甫会为一方、以条顿骑士团为另一方——不断发生误会和冲突的时期。哥白尼的管辖地区和骑士团国接壤，边界闹事和冲突不断，给哥白尼带来很多麻烦。来自骑士团的威胁也妨碍了经济的和谐发展。1517 年 6 月，一位听命于骑士团的强盗塞巴斯蒂安·格劳辛因在瓦尔米亚抢劫被抓了起来，这使两方冲突达到了白热化，甚至导致了瓦尔米亚同条顿骑士团国在 1517 年 9 月 29 日中止了贸易往来。骑士团当局明显支持和纵容武装强盗在瓦尔米亚领土上从事抢劫活动。强盗们得到骑士团的支持后，更加大胆，更加肆无忌惮，不断蹂躏手无寸铁的居民。1517 年 8 月底，他们纵火焚烧了佩尼恩日诺市郊及附近的两个村庄，后来又在布拉涅沃郊区纵火烧毁大片民房。瓦尔米亚行政管理人自身也不止一次遇到毗邻地区骑士团办事人员的挑衅。1517 年 3 月，骑士团和神甫会的人就帕斯文克界河的捕鱼权问题发生争执。骑士团国的一个渔民在捕鱼时被捕，并被关进了奥尔什丁城堡。这成了骑士团攻击作为神甫会行政管理人

尼古拉·哥白尼的肖像画

哥白尼的口实，指责他对骑士团国公民采取暴力行动。骑士团国公民在奥尔什丁附近森林伐木，致使瓦尔米亚神甫和骑士团驻帕斯文克镇的统治者菲利普·格罗伊辛之间从1516年起开始了一场旷日持久的争论。格罗伊辛甚至迫使神甫会管辖下的一些农民向骑士团交租，通过这些手段同神甫会展开了一场“私人战争”。1518年，格罗伊辛向哥白尼控告奥尔什丁城堡司令克日什托夫·德劳希维茨，这使双方的争执进入白热化阶段。神甫会要求哥白尼毫不迟疑地为司令官驳回指控，并消除导致指控和冲突的根源。为此事，哥白尼专程到利兹巴克一趟，征询主教的意见，探讨用什么方法驳斥条顿骑士团的谎言。1518年10月22日，哥白尼把同主教的谈话迅速写信报告了神甫会。他在这封信中写道：

昨天我从最值得尊敬的主教阁下那里了解到你们如何看待我正筹备的一次宴请。可以说，一切都已准备就绪，无论是在食鱼日，还是在食肉日举行都可以。菲利普·格罗伊辛的来信让我提前从奥尔什丁动身。我带去的奥尔什丁司令在那里详细地了解了情况，知道那个控告人是不能对他进行指控的，因为控告人并不承认他的权利。主教阁下也给我指示，如果回信还没有发出的话，要我劝你们，尊贵的先生们，在给大团长的回信中要加上这样一句：“为了不违背神圣的公正原则，以免被人误解和篡改。阁下已经获悉，莫斯科和国王签订了永久和约。至于签约的条件是什么，阁下希望尽快了解到。这样一来，我们邻居的全部希望就破灭了。尊贵的先生们，拜托你们了。只要可能，我立刻就从这里动身。

尼古拉·哥白尼

可惜，哥白尼高兴得早了些，因为就在一年半之后，爆发了波兰同条顿骑士团国的战争，这场战争主要在瓦尔米亚地区进行。1519 年 11 月 8 日，哥白尼升职，神甫会任命他为神甫会办公厅主任。为此，哥白尼回到弗龙堡，但在那里逗留的时间很短，因为当时波兰和瓦尔米亚已经直接面临同条顿骑士团国发生战争的危险。

战斗英雄

波兰和条顿骑士团国的关系日趋恶化，瓦尔米亚则从中尝到了特殊的苦头。条顿骑士团的袭扰活动越来越频繁，他们所到之处，不放过任何人或目标，连教堂也成为他们的抢劫对象。应瓦尔米亚主教和神甫会的请求，国王齐格蒙特一世派来 40 名骑兵。起初，波兰国王曾试图劝说自己的外甥——敌视波兰的条顿骑士团大团长阿尔布雷希特放弃战争冒险活动，但当他意识到会谈不会有多大结果时，便开始了备战。

卢兹扬斯基主教惧怕战争，他做了一系列努力，竭力避免战争和冲突。他不但向柯尼斯堡派遣了使臣，甚至还亲自去和大团长阿尔布雷希特会谈。他警告大团长说，波兰不会允许骑士团剥夺它的财产和自由，乃至占领波属普鲁士。主教懂得，一旦发生战争，瓦尔米亚将会成为战场，那势必给主教和神甫会的财产带来不可估量的损失。最后，主教只能把全部希望寄托在波兰国王的强大实力上，指望他能在尽可能短的时间内解决骑士团问题，并使骑士团永远不敢再有攫取波属普鲁士——尤其是瓦尔米亚的野心，因为主教和弗龙堡神甫们的财产都在瓦尔米亚。

条顿骑士团的紧张备战活动迫使波兰开始征讨其不安分的附属国的战争行动，虽然它远未做好战争准备。1519 年 12 月 11 日，波兰议会同普鲁士邦联代表大会在托伦举行联席会议，会上一致通过决议，对条顿骑士团采取反击行动。12 月底，波兰部队从托伦出发，向条顿骑士团控制的普鲁士地区进军，迅速占领了位于马祖尔地区和维斯瓦河流域的几个较小的边境城镇，并继续向柯尼斯堡方向挺进。阿尔布雷希特大公早已把自己的武装力量集中在同瓦尔米亚交界的北部边界上。在 1520 年新年，他跨过边界线进军到布拉涅沃城下，并宣称自己是来向波兰国王进贡的。那时他还不知道波兰已开始了战争准备。当条顿骑士们来到城下时，正值凌晨，浓雾阻隔了布拉涅夫塔楼的视线，另外，这座塔楼当时也没有人守卫。同骑士团友好的布拉涅沃市长菲利普·特施内尔为骑士团的军队打开了城门。条顿骑士团的骑士们毫不费劲地占领了布拉涅沃城堡。弗龙堡距离布拉涅沃仅十公里，弗龙堡的神甫们听到这个消息后无不大惊失色。大团长则竭力向主教解释，说他是受教皇委托来占领布拉涅沃的，旨在保护主教区免遭波兰军队的抢劫。

主教和神甫会面对这样的巨大威胁，立即展开了一场外交活动。1 月 4 日，弗龙堡派出两位神甫作为使节去会见阿尔布雷希特大公。这两位代表，一位是从前的神甫会成员、副主教扬·斯库尔泰蒂，他对大团长周围的人特别熟悉；另一位就是尼古拉·哥白尼。两位使臣的任务是对骑士团向没有武装的瓦尔米亚采取战争行动表示震惊，并建议大团长与波兰国王开始和谈。卢兹扬斯基主教请阿尔布雷希特为哥白尼发放安全通行证，让哥白尼能在弗龙堡和奥尔什丁之间自由通行，以便他能够充当住在利兹巴克官邸的主教和弗龙堡神甫会之间的联系人。为了能在大团长和主教之间当中间人，斯库尔泰蒂也得到了一张安全通行证。尽管得到了安全通行证，但哥白尼此后再也没到布拉涅沃去。条顿骑士团还没等收到神甫会的回音，就对弗龙堡发起了武装进攻。神甫们纷纷离开弗龙堡，逃到了没有战争危险的地方去。

神甫会成员中只剩下尼古拉·哥白尼一人还孤独地留在弗龙堡。没有大炮，条顿骑士团无法越过大教堂的围墙，于是他们就纵火焚毁城市和围墙外面的神甫住宅。尽管哥白尼顶住了条顿骑士团对弗龙堡发动的攻击，但他的家仍被焚毁，他不得不离开这里。1520 年 1 月 23 日，哥白尼前往奥尔什丁，在奥尔什丁一直停留到 1521 年 6 月。

战争席卷了整个瓦尔米亚地区和条顿骑士团国。波兰军队主力由王国大统帅尼古拉·菲尔莱伊指挥，开进骑士团控制的普鲁士，占领了一些地方，包围了另外一些地方。条顿骑士团怕吃败仗，避免在战场上与波兰军队直接交锋。他们不敢面对波兰军队，却对被占领地区手无寸铁的居民大肆烧杀抢掠。在这种情况下，尼古拉·菲尔莱伊征得法比安·卢兹扬斯基主教的同意后，向各城镇和城堡派驻波兰士兵，以保护这些地方免于条顿骑士们的蹂躏。弗龙堡驻扎有 400 名波兰雇佣兵，奥尔什丁驻扎有 100 名，利兹巴克开始时驻扎有 300 名，后来增加到1 000名。

当卢兹扬斯基主教意识到依靠谈判无法使瓦尔米亚免遭骑士团抢掠时，他便坚决地宣布站到波兰一边。主教向神甫会提出要求——要求加固要塞、改善食品和弹药供应，同时也指出神甫会在处理这些问题时表现出来的惰性。无论是神甫会，还是主教，都要承担瓦尔米亚的防御支出，双方都想把更大的负担推给对方。但是，当局势发展到危急之时，双方都停止了争论。在组织防御工事中，神甫会向主教提供了充分的支持和帮助。如果没有波兰卷入战争，瓦尔米亚抵抗条顿骑士团的斗争是不可能坚持多久的。波兰军队入驻波属普鲁士，当时最杰出的波兰将领之一雅努什·希维尔乔夫斯基来到了前线，这使人们对胜利结束这场战争的信心大增。

哥白尼在奥尔什丁迅速投入备战工作，为防御条顿骑士团的进攻积极做准备。为了最大限度地加强奥尔什丁的防御能力，哥白尼付出了巨大努力。2 月中旬，他从埃尔布隆格调来了防御武器等装备，其中包括 17 杆火绳枪。即使在如此动荡不安的局势下，哥白尼仍注意保障经济发展。有的农民害怕战争，抛弃家园逃走了，哥白尼就在那些被遗弃的土地上安置了新的农民。此一时期，哥白尼必须对神甫会的财产给予特别的关心，因为奥尔什丁佃户区已成为神甫会唯一的财政收入来源，佩尼恩日诺佃户区已经被条顿骑士团洗劫一空。对于防卫工作，哥白尼需要关心的不仅是他所在的奥尔什丁要塞，而是整座城市。为了保卫奥尔什丁，哥白尼命人从外地运来了武器和装备。此间，哥白尼还处理了去世的瓦尔米亚神甫会成员巴尔撒泽·斯托克菲希的遗嘱和遗产问题。同时，哥白尼必须警惕地注意那些对条顿骑士团怀有好感或者阴谋反对波兰的神甫会成员。

战争期间，哥白尼坚定地站在波兰一边，忠实地继承了与条顿骑士团斗争的家族传统。保卫神甫会土地财产的重担已然落到了他的肩上，也正等同于保卫瓦尔米亚免遭骑士团的蹂躏。哥白尼帮助卢兹扬斯基主教组织防御工作，并动员他采取更加坚定的立场。哥白尼约束自己手下的人不得和条顿骑士团的人有任何可疑的接触。

在4月29日写给主教的一封信里，哥白尼讲述了神甫们积极参加瓦尔米亚防御工作的情况，并请求主教把财政援助再增加相当于神甫会贡献的三分之二的数量。在这封信里，哥白尼还建议主教和军队总指挥尼古拉·菲尔莱伊保持密切联系。这期间，尼古拉·菲尔莱伊又调来20杆火绳枪以加强弗龙堡的防御力量。

1520年春，补充了火炮和雇佣军的波兰军队，发起了夺取帕斯文克和克维宗要塞的攻势，一直打到条顿骑士团国首都柯尼斯堡附近才停下来。这种形势迫使阿尔布雷希特大公提出谈判请求。国王齐格蒙特一世同意停火。战争行动中止，从5月31日起，停火协议开始生效。双方决定于6月18日在托伦进行谈判，届时将由国王和大团长直接谈判，瓦尔米亚主教法比安·卢兹扬斯基也将参加。得知主教要去托伦参加谈判的消息后，

6 月 14 日，神甫会给主教写了一封信，这封信是由哥白尼负责拟写的。信中告诫主教不要相信条顿骑士团提出的保证——哪怕是书面保证，应该要求骑士团赔偿他们对瓦尔米亚主教区和神甫会所造成的损失。神甫会的这种立场证明神甫们对骑士团已经不再抱有任何幻想，不仅不再相信骑士团，而且把骑士团看做是自己的主要敌人。后来的托伦谈判证明，弗龙堡神甫们的预见完全有道理。

按预定的日期，以波兰国王为首的波兰人和由 40 名骑士团骑士陪同的大团长来到托伦。前来参加谈判的还有教皇、匈牙利国王及马佐夫舍大公的代表，他们竭力想在签订和约时充当中间人。按波兰方面的设想，阿尔布雷希特应按附属国的应尽义务向波兰国王进贡，并提出条件确保其以后遵守和履行 1466 年的《第二次托伦和约》。但大团长却使用拖延战术，并提出了不适当的要求。当他得知丹麦和神圣罗马帝国方面的援助已经来到的消息后，就请求波兰国王发给他返回柯尼斯堡的安全通行证，接着便中断了和谈。7 月，条顿骑士团又开始向波兰军队发动进攻。阿尔布雷希特的背信弃义表明，只有用武力才能迫使他履行《第二次托伦和约》的义务。

战争的烈火再一次燃烧起来，而且比起先前更加猛烈。这次大团长占据了主动权。波兰人用很大兵力徒劳地包围着布拉涅沃，但并没有遏制住条顿骑士团对瓦尔米亚其他城市的入侵。大团长也撕下了对瓦尔米亚主教友好的假面具，直接进攻主教在利兹巴克的官邸。条顿骑士团的大炮接连几周对瓦尔米亚主教区首府进行轰击。波兰军队在市民的大力协助下英勇保卫城市。市民们奋勇扑灭炮击引起的火灾，军队组织了几次夜袭，使包围城市的条顿骑士们遭到惨重损失。11 月底，敌人放弃了对利兹巴克的包围，向远处开去。这次围城使大团长部队中有大约1 600名士兵被击毙。

但在其他一些战场上，条顿骑士们仍在大肆炫耀他们的战绩。11 月 15 日，骑士团占领了良城；11 月 24 日，经过六天激战，又占领了奥尔内塔。奥尔内塔的居民本想继续坚守下去，但波兰指挥官在征得市长同意后决定向条顿骑士团投降，因为他害怕如果城市被强行攻破，会像良城那样惨遭恐怖镇压。但这样一来，就使距此仅有二十五公里的奥尔什丁面临直接威胁。神甫们发出了一封封告急信件，要求加强防御，要求增加援助。告急信寄给波兰国王，也寄给波兰首相扬·科纳尔斯基和库雅维主教。神甫们认为，他们的命运取决于利兹巴克能否击退条顿骑士团的进攻。他们提出，奥尔什丁的防御工事还不够牢固，这里只有帕维尔·多卢斯基指挥的 100 名波兰雇佣军士兵。要想击退强大敌人的进攻，奥尔什丁城堡确实还没有做好准备。根据神甫们的建议，帕维尔·多卢斯基向利兹巴克司令官雅库布·森齐格涅夫斯基求援，但利兹巴克正处于包围之中，森齐格涅夫斯基无力提供援助。埃尔布隆格的居民和所有神甫也都对奥尔什丁的命运感到忧虑，因为瓦尔米亚神甫会的金银财宝和各种稀世珍品都保存在这里。驻普鲁士波兰军队总司令雅努什·希维尔乔夫斯基也对奥尔什丁的命运表示担忧，因此他派雅诺维茨的佩雷克率领 100 名步兵前去增援。其间，国王也从彼得库夫向瓦尔米亚派来了大量的援军，这支部队由久经考验的老将兹比格涅夫·斯乌佩茨基率领。正是这支部队在沿海地区战胜并赶走了赶来增援阿尔布雷希特的神圣罗马帝国军队。

正当瓦尔米亚和奥尔什丁的命运处在最困难和最危险的时刻，1520 年 11 月 8 日，扬 · 克拉皮茨把自己神甫会财产管理人一职交给了尼古拉 · 哥白尼。神甫会之所以做出这一易人决定，是因为哥白尼迄今在行政管理工作中的丰富经验，并且在和条顿骑士团的斗争中表现出了勇敢的精神和坚定的立场。哥白尼不仅成了财产管理人，也成为坚守瓦尔米亚南部这个最重要军事据点的指挥者。哥白尼不仅是一位理论家，也愿意把自己所学的理论知识应用于实践。他积极组织奥尔什丁全城和城堡加强防御。他请求波兰指挥官提供军备和物资援助，因为他知道，如果没有波兰军队参加，奥尔什丁城堡是经不起条顿骑士团的长期围攻的。1520 年 11 月 16 日，哥白尼给国王齐格蒙特一世写了一封求援信。

但这封信并没有送到国王的手里，信使在途中被条顿骑士团的部队俘获。这封信使条顿骑士团明确，哥白尼是忠诚的波兰公民，而且始终是骑士团的敌人，同十三年战争期间他祖父的立场完全相同。

多数神甫担心奥尔什丁要塞一旦被条顿骑士团攻破，会遭到残酷镇压，所以都提前离开了奥尔什丁。奥尔什丁只剩下了哥白尼和亨里希 · 施内伦贝格神甫两人，施内伦贝格神甫也是托伦人。守住城市和城堡并把敌人驱逐出瓦尔米亚的共同愿望更把所有的奥尔什丁人联系在一起。

哥白尼在防御工作中表现出了很大的主动精神，他并非消极地等待国王增援，也不仅仅指望职业军人。他一直为解决奥尔什丁所需的防御工事问题和待在埃尔布隆格的扬 · 斯库尔泰蒂副主教保持着书信联系。12 月底，哥白尼给副主教发了一封信，这封信经过几周时间才到达收信人手中。在这封信里，哥白尼请斯库尔泰蒂送一些铸造子弹所需要的铅以及盐和纸来。其间，奥尔什丁已面临着条顿骑士团的直接威胁。

大团长阿尔布雷希特大公在11月28日放弃了对利兹巴克的包围，回到柯尼斯堡补充兵力。1521年的新年刚过，他就率领一支由4 000名步兵、600名重骑兵和400名轻骑兵以及炮兵所组成的部队突然出动。经过布拉涅沃和奥尔内塔，于1月11日到达良城附近，然后就向奥尔什丁方向挺进。沿途所经之处都遭到骑士团部队肆无忌惮地践踏。在战场上不能取胜，条顿骑士团就想通过恐怖和恫吓手段来迫使瓦尔米亚投降。阿尔布雷希特从良城往奥尔什丁写了一封信，要求奥尔什丁立即投降，并威胁其不投降就要让它彻底化为灰烬。然而，守卫者不但没有被威胁所吓倒，反而加强了防御准备。来自良城的条顿骑士团部队在1521年1月26日突然向奥尔什丁发起进攻，企图用突袭的办法攻占该城。条顿骑士团曾一度攻破城墙上的一个角门，但很快又被守卫者击退了。以国王为首的波兰最高司令部、主教和为其财产安全感到担忧的瓦尔米亚神甫们，都睁大眼睛盯着奥尔什丁。所有人都在为奥尔什丁的守卫者们鼓劲。

对骑士团和波兰的实力十分了解的斯库尔泰蒂，对哪一方能取得胜利是坚信无疑的，所以他没有和条顿骑士团暗中勾结。哥白尼没有过分相信副主教的乐观估计，他为奥尔什丁调进了大批武器弹药和食品，并催促斯库尔泰蒂继续为守卫者收集和提供这些物资。因神甫们远离弗龙堡而感到孤独的哥白尼，只能指望波兰士兵和波兰军队在战场上取得胜利。

管理经济

虽然哥白尼没有手持武器伫立在城头上，但他却是奥尔什丁真正的防御司令，这座城市的命运转折在很大程度上取决于他。他在和波兰军队密切合作的同时，竭力使城堡和整个城市做好防御准备。他对条顿骑士团不抱任何幻想，所以他并没有和骑士团进行任何谈判，一直坚定地站在反骑士团的立场上。正是神甫会财产管理人的这种坚决态度拯救了奥尔什丁和瓦尔米亚的一部分地区，使其免遭条顿骑士团的鲸吞。骑士团部队了解哥白尼的态度和奥尔什丁的防御情况，知道想用最小的代价夺取城堡和整个城市是办不到的。

在经受了条顿骑士团进攻的初步考验之后，哥白尼预计敌人还会发动新的进攻。然而，哥白尼却不知道，条顿骑士团部队内部也正经历着严重的危机。军队损失惨重，并没取得比较大的胜利，这在骑士团士兵和雇佣军中引发严重不满，并出现骚动，这种骚动随时可能演变为士兵暴动。条顿骑士团的士兵谩骂大团长，雇佣兵要求发放拖欠的军饷，甚至把事先发饷作为开始包围或发起进攻的条件。结果，大团长阿尔布雷希特中途就返回柯尼斯堡，因为他觉得在那里要比留在自己的军队中更加安全。1521 年 3 月 26 日，骑士团停止了战争行动；4 月 5

日，双方达成了所谓的“托伦妥协”，实现了四年停火。

战争给瓦尔米亚造成了巨大的损失和破坏，大部分农庄已被践踏和洗劫一空，这也使主教和神甫会的收入大为减少。战争开始之前，奥尔什丁佃户区只有百分之十的农田荒芜，而战后荒废的土地增加了两倍。刚刚停火一个月，哥白尼就重新开始进行安置佃户的工作。为了鼓励农民尽快接管被遗弃和被破坏的土地，哥白尼提出不少减租和免租措施，这对附近马佐夫舍地区的农民产生了很大吸引力，许多被称为马祖尔人的波兰移民纷纷前来定居。

1521 年 6 月，根据神甫会的意见，哥白尼把自己的行政管理人职务交接给蒂德曼·吉斯神甫，因为他已被推选为瓦尔米亚专员，专署设在奥尔什丁。瓦尔米亚神甫会的官邸也设在那里。瓦尔米亚专署是在 1521 年临时设立的机构，主要是为了恢复因战争而遭到破坏的经济和社会秩序。担任专员是哥白尼在行政职务方面的一次晋升，也是对他在战前和战争期间所从事的行政组织活动表示赞赏的证明。人们将哥白尼看成是面对条顿骑士团毫不妥协的人，甚至在最艰难时期，他也毫不退缩。他既没被条顿骑士团所吓倒，也不为其所利诱，所以人们相信他能够代表神甫会的经济和政治利益。

当月，哥白尼又移居弗龙堡。在弗龙堡从事天文观测的条件要比在奥尔什丁好得多，因为这里有一些不能带到奥尔什丁城堡去的观测仪器。但哥白尼可用于观测天体的时间仍然不多，因为有许多要负责任的行政事务占据了他的精力和时间。此后的几个月里，哥白尼又担任了神甫会财产视察员，这一职务要求他经常为神甫会财产问题外出视察。在接下来的几年中，哥白尼多次到奥尔什丁城堡视察工作，也曾担任过神甫会驻奥尔什丁代表。在战争刚刚结束的几年里，瓦尔米亚神甫会的处境非常艰难。形势要求神甫们表现出更高的政治积极性，和普鲁士邦联以及波兰中央政权保持更加密切的关系。为此，哥白尼作为神甫会的代表时常参加普鲁士邦联的代表大会，与代表们一道商讨如何制止条顿骑士们在瓦尔米亚土地上进行新的颠覆和破坏活动，并想办法迫使他们遵守停火协议。

1522 年初，神甫会推选哥白尼和蒂德曼·吉斯为代表，前往托伦参加普鲁士邦联代表大会。由于波兰国王的代表也要出席，国王更改了召开这次代表大会的时间和地点。代表大会改在格鲁琼兹举行，瓦尔米亚神甫会的代表不顾恶劣的天气条件和泛滥的洪水，又来到格鲁琼兹，以便能在国王代表在场的情况下对骑士团提出控告。哥白尼和蒂德曼·吉斯于 1522 年 3 月 17—21 日参加了这次代表大会，在波兰国王代表面前对条顿骑士团的压迫和其无法无天的行为提出新的指控。应普鲁士邦联的请求，哥白尼在那里宣读了三年前他撰写的一篇关于货币问题的论文。哥白尼的意见深受同年 10 月 21 日在特切夫召开的普鲁士邦联代表大会上代表们的赞赏，与会的波属普鲁士代表最后通过了一个决议，在决议中采纳了哥白尼的建议。

1522 年 1 月 30 日，瓦尔米亚主教法比安·卢兹扬斯基去世。按照当时教区的传统习惯，在新主教产生之前，要由一名神甫代表接管教区和神甫会的领导权。这名代表被称为瓦尔米亚主教区行政总管。这是政权交替时期负有最高责任的职位，要借助这位行政总管渡过这段“无主时期”。神甫会推举尼古拉·哥白尼在 9 个月时间内担任这一最高职务，甚至在选出新主教以后，哥白尼仍须行使这一职责，直到选举出的新主教得到教皇的批准。上任以后，哥白尼立即采取有力的措施加强各城堡的防御能力，防备条顿骑士团的进犯。哥白尼仍担心条顿骑士团有侵略瓦尔米亚的企图。因为条顿骑士团竭力想利用瓦尔米亚主教卢兹扬斯基的死来攫取瓦尔米亚，如果不能用暴力攫取的话，就通过在罗马教廷以外交手段达到此目的。卢兹扬斯基主教在世时，大团长已经派人并通过其他手段在罗马做过许多努力，以达到把瓦尔米亚吞并到骑士团国的目的。条顿骑士团知道格但斯克人对他们怀有敌意，所以他们懂得，如果接替卢兹扬斯基担任主教的是一个格但斯克人，那将对骑士团非常不利。因此，大团长在获悉主教去世后，立刻催促在罗马的代理人采取更有力和更有效的行动，以求争取得到瓦尔米亚和波属普鲁士的其他土地。他们想使哈德利亚六世教皇相信，瓦尔米亚和骑士团国合并对教廷是有利的。教皇看到阿尔布雷希特已陷入严重的财政困难中，不会有什么可观回报，便做了模棱两可的回答，既不支持大团长，也不支持波兰国王。瓦尔米亚一直保持从属于波兰国王的状态。

主教之死使驻扎在瓦尔米亚的波兰部队进入戒备状态，波兰国王密切留意着该地区条顿骑士团的威胁。国王立刻把马尔堡的州长耶日·巴任斯基和普鲁士地区副司库、格但斯克总督扬·巴林斯基派到弗龙堡去处理补选主教问题。他们于 1523 年 2 月 26 日抵达弗龙堡，并把委任书呈交给神甫会和主教区的负责人，即副主教扬·斯库尔泰蒂和瓦尔米亚主教区行政总管尼古拉·哥白尼。两位负责人对特使说：神甫会已经决定，将按照和国王签订的《第二次彼得库夫条约》的规定选举新主教，不与国王协商，便不会采取任何行动。他们还向国王特使保证说，神甫会中尚未宣过誓的年轻成员已经做好了向国王宣誓效忠的准备。

出于安全考虑，斯库尔泰蒂和哥白尼派出代表以加强主教城堡的防御工作，尤其是利兹巴克的防御工作。同时，他们也向格但斯克总督扬·巴林斯基提出要求，请他向利兹巴克提供大炮、火药和铅。两位代表——蒂德曼·吉斯和莱奥纳德·尼德尔霍夫来到利兹巴克，以神甫会的名义接管了主教城堡。神甫会的两位代表向市长耶日·普勒克提出要求，要求他接管所有主教城堡的防务，并向神甫会宣誓效忠。普勒克效忠于波兰国王和波兰，在反条顿骑士团的战争中曾因英勇保卫利兹巴克而获得荣誉。

耶日·普勒克毫不迟疑地把两位神甫到访之事报告给国王，并占领利兹巴克城堡一直到选出新主教。他想保护城堡免受外来的突然袭击，更想把城堡交给国王齐格蒙特一世所信任的新主教。

不久之后，神甫会的使臣前往克拉科夫向国王递交了弗龙堡神甫的名单，请国王选定四名神甫，以便神甫会从中选出一名主教，然后再请求教皇批准。1523 年 3 月 17 日，齐格蒙特一世接见了神甫会的使臣。4 月 4 日，确定了主教的四名候选人，他们是教长帕维尔·普沃托夫斯基、文物保护人莫里齐·费贝尔、副主教扬·斯库尔泰蒂和神甫蒂德曼·吉斯。吉斯正是当时神甫会派到国王身边的使臣之一。主教选举在 4 月 14 日进行，哥白尼参加了选举，结果是得到国王支持的神甫莫里齐·费贝尔当选为主教。费贝尔的当选使条顿骑士团十分不满。他们知道，新主教将和波兰密切合作，这无疑会使条顿骑士团侵占瓦尔米亚的阴谋遭受严重挫折，甚至化为泡影。

瓦尔米亚主教莫里齐·费贝尔赢得波兰国王的信赖是有道理的。他出身于格但斯克的贵族家庭，是格但斯克市长的第十个儿子。16 世纪初，他在意大利留学，获得两个法学博士证书，一个是教会法博士，一个是世俗法博士。国王喜欢他，因为费贝尔家族对波兰国王是忠诚的，他的侄子扬·费贝尔甚至成为齐格蒙特一世的私人秘书。

莫里齐·费贝尔主教没有辜负国王的信任，他和尼古拉·哥白尼共同努力，大大促进了战争创伤的医治和重建瓦尔米亚经济的工作。两个人一起在 1525—1528 年从事移民工作，百分之四十的移民是来自马佐夫舍地区的波兰农民。在密切化瓦尔米亚与波兰的关系方面，两个人都做出了显著的贡献。

哥白尼早在费贝尔未担任主教前许多年就同他交好，两人在对内对外政策上观点一致。在当选主教后，费贝尔不仅对波兰国王，也对瓦尔米亚神甫会进行了宣誓。在新主教获得教皇批准之前，主教区的行政管理权一直掌握在哥白尼手中。

哥白尼自瓦尔米亚行政总管职务解脱后，又两次当选神甫会办公厅主任，一次是 1523 年，一次是 1525 年。他履行了自己的义务，领导神甫会办公厅工作，编辑各种函件，监督神甫会的财务。他主持工作的这段时间刚好是同大团长及其办事人员发生冲突的时期。

冲突是由占领布拉涅沃的条顿骑士团部队指挥官彼得·冯·多纳挑起的。1523 年夏，他洗劫了位于弗龙堡附近属于神甫会的克热村。神甫会和普鲁士邦联向大团长临时代理人——

桑比亚主教耶日·波伦茨提出交涉却无济于事。由于轻易取得了成功，多纳更加不可一世。1524年春，他又对布拉涅沃附近几个属于瓦尔米亚神甫会的村庄提出领土要求。桑比亚主教在这个问题上采取了暧昧态度，因此神甫们就去请示费贝尔主教，并请求正在格但斯克的波兰国王使臣给予帮助。像过去一样，这次指控条顿骑士团的文件也是由哥白尼起草的。波伦茨主教决定在布拉涅沃对这一案件进行审理。审判结果可想而知，对神甫会相当不利。瓦尔米亚神甫会认为这次审判是不合法的，他们直接向波兰国王递交了指控书，这份指控书仍由哥白尼起草，其中列举了骑士团破坏和平的种种罪行。国王命令条顿骑士团把抢占的财产归还神甫会。哥白尼在写给费贝尔主教的信中痛心地控诉了骑士团办事人员的倒行逆施，他深有感触地责问道："用信件去反对那些制造既成事实的人又有什么用呢?"和多纳的冲突并未就此结束。同年5月，多纳扣留了骑马经过弗龙堡的一位布拉涅沃市长，并侮辱了他。多纳诬陷他从事间谍活动，把他从马上掀下来，并且殴打了他的仆人。无计可施的哥白尼只得写信把这件事报告给主教，并讲述了骑士团大团长的临时代理人支持多纳所作所为的情况，哥白尼把条顿骑士团对有关冲突问题的解释称为"诽谤"。为了防御傲慢的条顿骑士团的暴行，神甫会雇用了30名士兵。在哥白尼所写的提及神甫会和多纳及其他骑士团人员相关冲突的信件中，贯穿着哥白尼对骑士团及其行事方式的强烈反感。哥白尼维护的不仅仅是神甫会的局部利益，也是波兰王国的利益，齐格蒙特一世写给神甫会的信中肯定了这一点。国王在回信中对神甫会办公厅主任尼古拉·哥白尼的行动表示了支持。

与表象相反，条顿骑士团国的内部形势是艰难的。首先是格林瓦尔德战役的失败，接着是和波兰十三年战争的失败，多次失利摧毁了它的军事实力。经济也不景气，国家结构陈腐，再加上马丁·路德宗教改革的不断发展亦严重削弱了国家经济。虽然骑士团在神圣罗马帝国皇宫积极开展外交活动，但神圣罗马帝国因卷入了意大利战争，无力再向骑士团提供军事援助。在这种形势下，大团长根据马丁·路德的建议，决定将骑士团国世俗化，成立依附于波兰的普鲁士公国，这样就可以享受世袭公爵的权利。这种想法得到了骑士团部分领导人的支持，也得到了波兰王宫中部分官员的支持。当时，波兰王宫中有些大臣曾提出把条顿骑士团从普鲁士转移到波多利耶的想法。1525年4月8日，波兰王国与条顿骑士团大团长签订《克拉科夫条约》。几天后，阿尔布雷希特作为普鲁士公国的统治者，在克拉科夫市场上举行了向国王齐格蒙特一世进贡的仪式。此后，条顿骑士团国成为普鲁士公国。

《克拉科夫条约》是当时国际法中天主教国家承认新教国家的第一个条约。依当时的观点看，应该说这是波兰外交政策的一个不小的成绩，因为它标志着和条顿骑士团的战争彻底结束，而波兰北部边界的安全有了保证。

普鲁士公国的成立给哥白尼增加了不少工作。他必须把条顿骑士团侵占过的财产整顿好，一方面要恢复行政秩序，另一方面要恢复经济秩序。此外，哥白尼还和阿尔布雷希特大公的代表展开了会谈，讨论瓦尔米亚和普鲁士公国之间如何全面调整经济和社会关系问题。和邻国制定相应的正常关系准则，花费了哥白尼两年时间。1528 年 7 月 6 日，这一准则得到批准和签署，哥白尼亦是签署人之一。1529年，哥白尼最后一次担任神甫会办公厅主任职务。结束与条顿骑士团的冲突成了哥白尼生命中的一个转折时刻。保卫瓦尔米亚，抵御条顿骑士团的侵略，领导瓦尔米亚经济发展并医治战争创伤，这段耗费哥白尼很多精力和心血的艰难时期终于结束了。

改革货币

作为一位杰出的人文主义者，哥白尼对知识和社会生活的各个领域都很感兴趣，对经济领域的问题也很精通。他来自书本的经济管理知识远不如来自亲身实践的多。管理瓦尔米亚神甫会庞大财产的经历，使他获得了不少知识。这位酷爱学习的人文主义者更像一位拥有地产的小地主或一位热忱的行政管理人，而不像一位学者，因为他只有很少的空闲时间能用于读书和自己的研究工作。作为神甫会财产管理人，哥白尼必须操心土地，要让所有土地都得到耕种，并能得到最好的管理，以便获得最大的收入。瓦尔米亚生产的农产品远远超过瓦尔米亚的需要，哥白尼就把剩余的农产品卖到国外。普鲁士地区除各城市间相互贸易外，还有广泛的外部联系。不仅和波兰各经济中心保持经济往来，也和外国城市进行贸易。从事这些复杂的贸易和经济联系要求他对货币问题有透彻的了解。哥白尼渊博的数学知识在这里找到了用武之地，因为贸易必须借助各种不同货币进行，而这些货币的表面价值和实际价值又千差万别。为了不上当受骗，必须了解各种货币制度和各种货币的价值，因为出售商品所得的货币往往是由不同的造币厂制造的。

哥白尼积极参与的经济改革和整个国内有利于改革的气氛相适应。这一时期出现了许多改革方案，这些改革方案都无法回避对经济而言十分重要的国库问题、财政问题和货币问题。哥白尼生活时期所通行的货币制度还是中世纪遗留下来的，已经不能适应经济发展的需要。不仅在波兰，普鲁士也同样出现了货币危机。这种危机因敌对的邻国为谋取暴利不惜假造波兰货币而进一步加剧。通过制造伪币获得的收入，并不比冒险抢掠的获得的收入少。

当时的货币是用金属铸造的，主要是在银中加入一些铜，很少用黄金铸造。即使发行了新货币，旧货币也照样流通，因为贵金属含量保证了它的实际价值。虽然法律对货币中贵金属和其他金属的含量进行了规定，但有人为了谋利，常常改变这种比例关系。波兰法律规定，要发行贵金属含量不断减少的货币。这种货币被称为不足价货币，它们表面所刻印的价值高于其贵金属的含量。

因缺少统一的货币制度，又进一步加剧了大范围金融市场的混乱。波兰本土、立陶宛和波属普鲁士都有独立的货币制度，各有自己的“汇率”。波属普鲁士的造币法所依据的是很老的条顿骑士团标准，按照这一标准，哥白尼生活时期的基本重量单位是海乌姆诺的格日夫那，相当于192克，用它可造20个格罗什，即60个谢隆格或者720个德纳尔。除了国王卡齐米日四世·雅盖隆契克有造币权之外，托伦和格但斯克两城也有造币权。根据归顺波兰的条约精神，埃尔布隆格也有权自造货币，虽然它并没有得到什么专门的许可。这个强大、富有的城市自行造币，主要是出于声望考虑，同时也为了获利。其铸造的货币投放市场后，使市场更加混乱。

骑士团统治的普鲁士公国也有自己特有的货币制度。骑士团国家的货币是柯尼斯堡造币厂制造的，贵金属含量不断下降，它的流通使波兰的经济形势更为复杂。在波兰市场上，骑士团劣币同其他一些价值较高的货币同时流通。这给波属普鲁士的经济造成了特别严重的影响，因为普鲁士公国与波属普鲁士毗邻，彼此有着密切的经济往来。骑士团大团长还故意向波兰市场投放劣币，尤其在和波兰交战时期的 1520 年，其投放量特别大。

价值比较高的良币从市场上消失了，因为有一部分人把它作为储存资本的好方法大量囤积；而另一部分人则把它运到国外熔炼，再用它造出更大数量的劣币。

货币混乱造成的危机甚至导致克拉科夫的王国造币厂在 1511 年临时关闭。为此，对货币混乱后果感触最深的社会阶层——贵族和神职人员，要求进行货币制度改革。

在波属普鲁士，像托伦或格但斯克这种大城市的市议会不同程度地阻碍着改革，虽然它们并不反对改革思想本身。它们主要是想保留造币的权利，因为拥有造币权不仅会提高城市的威望，也能带来很大的收益。于是，从 16 世纪初开始，改革货币制度问题便成了普鲁士邦联代表大会和议会的重要议题。起初，哥白尼只是消极地倾听有关货币问题的讨论；不久，便作为行政管理人直接接触到这个问题。在有了实践经验后，他顺势成为改革的主要代言人之一，积极发表改革主张。随着时间的推移，各界要求改革的呼声越来越高涨。1516 年 5 月，应普鲁士邦联代表埃尔布隆格大会的请求，瓦尔米亚主教法比安·卢兹扬斯基派使节向骑士团大团长提出交涉，请他停止破坏金融市场。

正是在金融危机最严重的时候，哥白尼就任瓦尔米亚神甫会财产管理人的职务。哥白尼经常就神甫会的财政困难和金融损失与周围人交换意见，并提出了摆脱货币困境的出路。为此，主教和神甫会要求他把自己有关现行货币制度的意见写成书面材料。在普鲁士邦联代表责成瓦尔米亚主教提出适当的改革方案后，这个问题便显得更加紧迫。哥白尼很快投入准备工作。1517 年 8 月中旬，他在奥尔什丁用拉丁文写出了货币论文的纲要，题目叫《深思熟虑》。纲要里包含了后来在长篇论著中要加以发挥的思想。这篇纲要受到人们赞扬，于是在 1519 年普鲁士实行货币改革时，有关方面专门征求了哥白尼的建议。后来，哥白尼把这篇纲要稍加修改，并译成了德语，以便让更多的市民了解这一问题。哥白尼给这篇德语译文所取的题目是《造币方法》。1519 年底，在托伦召开的代表大会原计划要讨论货币问题，但因同条顿骑士团战争的爆发和骑士团对瓦尔米亚的侵略，这件事不得不向后推迟了两年。

签订和约以后，货币问题又重新提上日程。波兰国王也看到了改革的必要性，于是鼓励，甚至指示普鲁士邦联进行货币改革。1522 年 3 月下旬，这个议题正式列入在格鲁琼兹举行的普鲁士邦联大会的议事日程。齐格蒙特一世的使臣、弗沃茨瓦韦克教区主教马切伊·杰维耶茨基提请大会讨论统一波兰货币问题，统一的波兰货币也会在波属普鲁士流通。瓦尔米亚神甫会有两名代表参加了这次代表大会，他们是蒂德曼·吉斯和尼古拉·哥白尼，他们对条顿骑士团非法占领瓦尔米亚一些城镇和城堡正式提出指控。大会还请哥白尼宣读了他三年前撰写的题为《论货币的信誉》的论文。

哥白尼撰写这篇论文时，利用了自己的数学知识，以及今天我们所说的社会科学知识，但核心是他亲自观察和实践所得结论的想法。哥白尼仅仅把货币看成是一种经济现象，按照其含金量或含银量和流通量来评价它的价值。按照哥白尼的理论，货币就是带标志的金或银，用以抵偿买卖的东西的价值。为了使金属成为货币，必须在上面加印公章，公章应如实标示该金属中金或银的含量，从而为赢得公众信赖提供保障。哥白尼认为，铸造货币时混入非贵金属是必要的，以使硬币的形状具有相应的持久性，同时也能使非法熔铸活动受到限制，甚至成为不可能。这种含义的货币是一种社会产物，用以方便商品交换。哥白尼认为，货币包含价值和信誉。货币的价值取决于其所含贵金属的量，取决于贵金属货币所占的比例。这也是货币的内在价值，正是这种内在价值使货币成为商品，可以用它去换取其他商品。哥白尼反对改变货币中贵金属的比例和含量的波动，因此他建议货币的价值应成为固定的和不变的。然而，他懂得金和银之间的价值比是会改变的，为此他在1519年提出，货币应该每隔25年或更长时间更新一次。这点毫无疑问也考虑到了欧洲经济变化的因素，这种变化自然也会影响到波兰。

哥白尼所说的货币信誉是指货币的名义价值，也就是国家加盖的戳记所标示出来的数额。哥白尼认为，良币的名义价值应该等于其实际价值。但他承认，必须使名义价值略高于它的实际价值，高出的部分相当于货币本身的生产成本。这个差额应该在货币上标示出来，戳记“赋予物质以尊严”。

从哥白尼的这些论述中，我们可以看到一些普遍性的经济现象。哥白尼所列举的各种降低货币价值的方法中，还有一种剪取货币边角，以便从这些边角中提取金银的方法。针对这种情况，其时以及之后铸造的硬币都在边缘刻印了文字。我们现在使用的硬币，其边缘铸成锯齿形，也是那时遗留下来的一种传统做法。

哥白尼的货币价值理论是先进的，远远超出当时的理论水平。在中世纪，主要流行两种货币理论：唯名论和实在论。两种理论各有自己的货币价值标准，其评价的根据也各不相同。唯名论认为，货币的价值是由法律确定的。也就是说，货币的价值是由货币以外的因素所决定的。实在论则认为，货币价值是由货币本身决定的。根据唯名论观点，货币的价值是由铭刻的印记表示的，由政权决定，这是货币的名义价值，也就是哥白尼所说的“货币的信誉”。中世纪货币的汇率没有一定标准，这就使一些名义价值相同而金或银含量不同的货币同时在市场上流通。哥白尼认为，货币的价值取决于货币本身贵金属的含量，并不取决于货币的表面印记。可见，哥白尼是坚决反对唯名论的，他不承认统治者有自由确定货币名义价值的权利。

哥白尼严厉地谴责了条顿骑士团制造劣币和伪币的行为。他充当了小贵族和农民——首先是市民阶层的经济利益代言人，只因劣币和伪币的流通使这些人蒙受了很大经济损失。

实在论认为，货币的价值是由其中贵金属含量所决定的。只有含有贵金属的货币才能成为商品交换的良好媒介。随着贸易的发展、贷款业务的增加以及金融经济的发展，实在论赢得了越来越多的拥护者，尤其是在市民阶层中。实在论反映了当时的主要经济关系。直到出现了以银行支票和票据形式的合同货币和结算货币时，实在论才失去意义。

弗沃茨瓦韦克主教杰维耶茨基坚决主张在波兰全国实行统一的王国货币。在这一主张的影响下，哥白尼提出了另外一个非常重要的想法。他建议，铸造等值于三分之一波兰格罗什的普鲁士谢隆格，以使改革后的普鲁士货币同波兰本土的货币等值。通过这个办法，既保持了波属普鲁士货币的独立性，又能促进波属普鲁士和波兰本土货币的统一，更能为各地区之间签订贸易合同提供方便。

国王的使臣们很尊重哥白尼的建议，但普鲁士邦联担心风险，所以在态度上有所保留。1522 年 5 月，即哥白尼在埃尔布隆格讲话发表三个月之后，格但斯克的议员们采纳了哥白尼的提议，建议创办一座造币厂，不营利地铸造新货币，然后再停止使用旧货币。这时，格但斯克已经开始发行普鲁士谢隆格，每三个普鲁士谢隆格等于一个波兰格罗什。铸币上有国王齐格蒙特一世的肖像。两年后，格但斯克又开始发行新货币，但它的含银量未能达到预定的标准，因为格但斯克人并不想放弃从制造货币中能够捞到的好处。格但斯克制造不足价货币，引起了普鲁士邦联各阶层的抗议。同年，波兰国王下令禁止格但斯克市议会继续发行货币。对哥白尼基本主张的各种歪曲，并未影响哥白尼继续深入探讨货币的改革方案。

货币问题因条顿骑士团国世俗化并于1525年建立普鲁士公国而显得尤为突出。普鲁士公国作为波兰的附属国不能仅仅体现在形式上。国王要求在普鲁士的两个地区，即波属普鲁士和普鲁士公国，尽快解决货币问题。国王建议依照自己的秘书尤斯图斯·德茨尤什在1526年编制的方案进行改革。德茨尤什在《论货币铸造》一文中，建议发行一种新的、更好的货币，这种货币可同时给国王和向造币厂提供纯银的人带来收益。德茨尤什并不主张收回老的、贬值了的货币。他提出了一个同哥白尼相反的理论，即良币将会从市场上驱逐劣币。他还建议，在波兰、立陶宛和普鲁士统一货币的重量、成分和规格。他认为，普鲁士可以拥有自己的造币厂，但应该是托伦造币厂，而不是格但斯克造币厂。德茨尤什的方案不同于哥白尼的建议，但它更适应于中世纪的货币理论。它不像哥白尼的主张那样富有远见，却赢得了齐格蒙特一世和许多宫廷大臣的赞赏。1526年，国王在格但斯克出席普鲁士邦联代表大会时，介绍了德茨尤什提出的货币改革方案。同年7月17日，国王对波属普鲁士发布指示，宣布对普鲁士货币实行改革，以便使它同波兰本土的货币统一起来。从此，波属普鲁士的货币就由格罗什、谢隆格和迪那里构成，它们也流通于普鲁士公国。

这项改革在普鲁士邦联引起争论，并引发了许多质疑。作为德茨尤什方案的主要批评者，尼古拉·哥白尼被请到格但斯克参加会议，并在会上发言。7月18日，普鲁士邦联给德茨尤什寄了一封辩论信，对他的理论提出了不同想法。哥白尼希望能在普鲁士保留谢隆格，因为它是普鲁士具有悠久历史传统的货币。这封信重申了哥白尼的主张：在每枚货币上都刻印上国王的肖像、用拉丁文书写国王的名字和其他一些相关标志。在每枚谢隆格上，建议刻印波兰王国国徽及拉丁语国名；而在货币的背面——刻印普鲁士地区的徽记。通过这种办法，可以强调普鲁士地区从属于波兰国王。在和德茨尤什进行辩论的同时，哥白尼要求他也参与讨论普鲁士货币改革问题。

有两年时间，德茨尤什一直在回避对普鲁士货币改革方案进行深入讨论；在普鲁士邦联代表大会和普鲁士公国，则展开了热烈的讨论。当改革的各种反对派被说服后，普鲁士两个地区一致决定：为普鲁士两个地区所设计的新的共同货币方案将提交1528年3月16日在埃尔布隆格召开的代表大会进行讨论。费贝尔主教建议瓦尔米亚神甫会派出最熟悉货币事务的代表尼古拉·哥白尼神甫、扬·费贝尔神甫和费利克斯·赖希神甫参加大会。哥白尼并没有参加这次会议，于是这次会议也没有就这一问题得出任何有约束力的决议。会议最后决定，把这一问题提交将于1528年5月8日在马尔堡召开的贵族代表大会。德茨尤什宣称将把自己的新方案提交这次代表大会。

费贝尔主教非常关心的是，这次贵族代表大会不能没有最杰出的普鲁士货币事务专家尼古拉·哥白尼参加。3月，瓦尔米亚主教就将哥白尼召到自己在利兹巴克的官邸，和他协商关于这个问题的立场。为了与主教进行这次会见，哥白尼准备了自己《论货币的信誉》一文的第二稿。这一稿包含了和德茨尤什方案的辩论内容，也有对货币改革理论的广泛阐述。这篇论文为哥白尼赢得了巨大声誉，并作为革新派经济论文的范例载入史册。瓦尔米亚主教指示神甫会派遣哥白尼以主教顾问的身份参加马尔堡贵族代表大会。赖希神甫也参加了哥白尼与主教在利兹巴克的会见，他想从哥白尼那儿获得更多有关新货币理论的解释。

哥白尼积极参加了于1528年5月在马尔堡举行的波属普鲁士贵族代表大会。普鲁士公国的代表也参加了这次大会。5月14日，哥白尼被选为代表大会专门工作委员会成员。普鲁士两个地区的代表，以及格但斯克和埃尔布隆格的造币匠，也参加了这个工作委员会。委员会主要讨论了淘汰旧货币的方法，以及按照国王指示铸造新货币的样式和大小问题。经过一周讨论，委员会达成了协议。代表大会根据这一协议通过决议，停止使用希维德尼察的劣币，该币种暂时先在普鲁士公国停止流通。哥白尼货币改革理论的主要反对者尤斯图斯·德茨尤什在7月下旬来到托伦参加贵族代表大会。应与会者的请求，7月22日，他对当时讨论和提出的各种方案作了总结。会上对哥白尼改革方案的重要内容也进行了介绍，哥白尼的最新改革方案提出：

——在“先进公民”中展开讨论，以便使他们在具有广泛代表性的大会上一致通过货币改革决定。

——取缔现有的多种造币厂，代之以一家造币厂为整个地区铸造货币。

——发布禁令。禁止在商业活动中使用旧货币，并把它撤出流通领域。

——用每磅纯银铸造20个格日夫那，每个格日夫那合20个格罗什（旨在使普鲁士货币和波兰货币相平衡）。

——确定发行货币的限额；

——同时发行所有类别的新货币。

哥白尼的方案表达了主张彻底进行货币改革和进行重大经济改革的人们的愿望。投票支持哥白尼方案的是那些期望统一普鲁士两个地区货币制度，进而与波兰货币制度统一的人。他们希望通过统一货币制度来加强和其他地区，尤其是和波兰本土的经济联系。哥白尼改革方案的基础是重新调整货币价值，即提高普鲁士货币的价值及其购买力。方案预计，旧币拥有者在兑换新币的初期将会蒙受一定的损失。哥白尼预言，蒙受的损失将会在短期内得到补偿。他也考虑到改革可能给社会最贫困阶层带来的后果，并得出结论：改善货币最终也会给农民带来好处，因为他们也将按较高的价格出售自己的农产品、牲畜及其他东西。稳定的买卖关系会使货币的相对价值得到稳定。

哥白尼在确定新货币的单位时，想借鉴匈牙利金币杜卡特，这种货币也在波兰流通。一枚杜卡特等于四十个格罗什，即两个普鲁士格日夫那，内含十分之一磅银。通过这种方法，就可使普鲁士货币与波兰货币达成统一。货币应该成为国家内部的黏合剂，成为普鲁士和其他地区统一的促进因素。哥白尼计划使新的普鲁士货币在全波兰市场上处于同波兰本土货币及立陶宛货币平等的地位。在设立新造币厂问题上，哥白尼提出了可供选择的两种方案：整个普鲁士地区只建一家造币厂，或者波属普鲁士和普鲁士公国各建一个。按照第一种方案，两个地区的共有货币上，一面是波属普鲁士的徽记，另一面是普鲁士公国的徽记，而两种徽记的上方都刻印上王冠，象征波兰国王至高无上的权力；按照第二种方案，货币的一面是普鲁士地区的徽记图案，另一面是波兰国王的头像或者波兰国徽。这清楚地说明，哥白尼认为自己既属于普鲁士，也属于波兰。

7月23日，德茨尤什介绍了自己与其他一些人的货币改革方案，其中也包括哥白尼的方案。其后，代表大会通过了关于造币章程的决议，最终授权德茨尤什来执行这一章程。不过，哥白尼的一些改革主张也得到了实施。哥白尼关于统一全普鲁士货币制度的主张被采纳了，在托伦得以设立一个既为波属普鲁士服务，也为普鲁士公国服务的造币厂。根据哥白尼的主张，通过平衡迪那里和格罗什以及其他几种货币单位之间的价值关系，使普鲁士货币制度融入了波兰的货币制度。以1526年彼得库夫议会通过的波兰本土货币含金量标准为基础，确定了新货币中的贵金属含量。按照马尔堡贵族代表大会通过的决议，波属普鲁士加入了与波兰的货币联盟，紧接着普鲁士公国也效法波属普鲁士加入这一联盟。哥白尼的其他一些主张则未被采纳。

同哥白尼提出的主张相反，大会认为造币业应该继续为当权者带来收入，为此并没有把所有旧币都撤出流通领域，但仍可流通的仅限于1521年以前铸造的旧币。哥白尼提出的保留谢隆格作为普鲁士传统货币的方案被否决，波兰的格罗什取而代之。后来也证明，这确是一项好措施，它使普鲁士的货币制度和波兰本土的货币制度更加紧密地结合在一起。

部分失利并未使哥白尼气馁，他仍然为实施改革而努力，尽管改革并未完全按他的主张进行。1529年2月14—17日，哥白尼参加了在埃尔布隆格举行的贵族代表大会，会上讨论了废止旧劣币的方法。这些旧劣币还需要再流通一段时间，因为托伦造币厂无法立刻造出很大量的新币进行替换。这次代表大会通过了撤销旧的普鲁士迪那里的决议。哥白尼从那时起就不再使用旧币，于是请求费贝尔主教给他寄些新的普鲁士迪那里。瓦尔米亚主教仍认为哥白尼是最杰出的货币问题专家，在这些问题上不听取哥白尼的意见，就不作任何决定。1530 年 10 月底，他派哥白尼为代表参加了在埃尔布隆格召开的波属普鲁士代表会议。国王的秘书和顾问德茨尤什以及阿尔布雷希特大公的使臣都参加了这次大会。大会的宗旨是确定金币和银币之间的兑换率。哥白尼在讨论时采取不同于其他发言者的立场进行了发言，他建议先考虑一下用一格日夫那金子能造多少金币，而一格日夫那银子又造多少银币，然后再探讨两种货币的兑换。哥白尼开始以纯科学立场考虑问题，这并不是脱离实践的空洞理论，而是符合客观的实际主张。然而，参加讨论的人却未能就这一问题达成协议，于是只好将这一事项推迟到以后进行。

此后举行的一系列讨论货币问题的代表大会和其他会议，哥白尼都没有参加。这些会议讨论的都是和实行普鲁士货币改革有关的具体问题。为筹备改革紧张工作了 14 年之后，哥白尼亲眼看到了自己取得的部分胜利。

哥白尼撰写的关于货币问题的论文，表现了哥白尼在经济实践和经济理论方面的强烈兴趣。哥白尼的经济观点是与文艺复兴时代的经济发展密切相连的。人文主义和科学复兴的故乡，即意大利的一些城市，是哥白尼最愿意效法的楷模。哥白尼从意大利不仅学到了天文学知识和艺术知识，也学到了先进的管理方法。这些管理方法中的许多要素在16世纪已经对波兰产生了影响。货币作为使国家富强的重要手段，在新经济中起重要作用。哥白尼认为，劣币会带来懒惰、消极和无所作为，而这种状况又会导致国家经济衰败。所以，哥白尼谴责懒散行为，并不是因为它违背教义，而是因为它危害本国经济，是对自己国家的犯罪。坚持这种观点的哥白尼并不孤单。不久后，英国就专门通过了一种法律，规定要对逃避正当劳动的人给予严惩。

哥白尼本人是一位异常勤奋的人，临终前的几天，他还继续从事各项工作。表面上看，哥白尼的多种爱好之间好像没有什么直接联系。实际上却联系密切，表面上那些很抽象的知识却有助于他认识世界和改造世界。哥白尼不仅在纯科学领域和僵化的观点进行斗争，而且把这种斗争扩展到了社会生活和经济生活领域。哥白尼摒弃了中世纪经济自给自足的观点，这种观点认为不仅一国的经济应该实现自给自足，各庄园甚至较小的农户也应该做到自给自足。哥白尼敢于向托马斯·阿奎那这样的权威挑战，公开宣传经济发展最重要的条件之一是多边交易，而不是自给自足。哥白尼并不认为用自己生产的产品进行贸易有什么不好，而当时的贵族则认为这是有损人格的可耻行为。

1531年底，哥白尼在视察工作期间，在奥尔什丁编制了一份叫做“奥尔什丁面包定价表”的材料，对该市及瓦尔米亚其他城市的面包价格和分量作出了具体规定。在面包价格问题上，他一方面为居民着想，尽可能压低面包价格；而另一方面，他认为也要使面包匠能有“适当的”利润。面包的价格应该等于所用面粉等原材料的价钱，面包匠的工资和面包的运输费用则靠糠麸和筛屑等副产品的收入来支付。这是中世纪所大力提倡的一种公正价格。哥白尼把“使面包具有真正合理的分量和价格”看做是自己的工作要达到的目的。这种合理价格的确定要取决于谷物、盐和酵母的价格以及面包匠所投入的劳动力。这样，哥白尼成了消费者——尤其是那些最贫穷消费者利益的代言人。当时，面包往往是波兰贫苦人家唯一的食品。

作为经济学家，哥白尼是一位很有趣的人。他的经济管理才干使他成为一个有能力的组织者，他还善于将这方面的实践经验应用到理论研究中去。他在理论上探讨的问题，并不是脱离具体实践的哲学投机，而是和可预见的经济发展密切相关的问题。哥白尼把经济现象看做客观规律作用的结果，并采用科学研究方法探索经济规律。哥白尼虽然是一位神职人员和法律学者，但在经济研究中，却摆脱了宗教及法学观点的束缚和影响。他的改革设想是针对封建管理理论的，他努力用符合新经济形势的新理论去取代那些封建理论。在当时，他的经济模式是先进的和富有创新精神的。在这种模式中，他没有完全考虑封建阶级的利益，虽然他本人作为瓦尔米亚神甫，也属于这个阶级。他考虑的首先是手工业者和他常说的创造财富的人们的利益，而这些人正是封建贵族所蔑视的劳动者。他代表着主要由封建地主组成的改革派，但他的主张并不是为巩固封建主义服务的，而是为他出身的那个市民阶层服务的。贫苦人尊崇哥白尼，并把他看做自己的庇护者和代言人。作为神甫会财产管理人、神职人员和医生，他用自己的智慧和力量为贫苦人民服务了一生。

宗教改革

1531年以后，哥白尼逐渐将从事了多年的公共服务工作量减少，开始投入较多的时间从事自己所喜爱的科学研究。哥白尼虽然属于神甫会中年事最高的长者和任职时间最长的人，但仍然只是一位普通神甫。青年时代熟悉的人大多已经离去，接替他们的是比哥白尼整整小一辈的青年人。哥白尼跟他们没有太多的共同语言，因为这些年轻人的生活阅历与所学知识都无法和哥白尼相提并论。青年人以十分崇敬的目光看待哥白尼，把他尊为一位智慧的老人，但在路上相遇却多对他加以回避。他的老朋友只剩下从前的一位同学——蒂德曼·吉斯。另外一些担任了重要教会职务的人，早已把与哥白尼相识之事忘得干干净净，用冷漠的、有时甚至是不友好的态度对待他。哥白尼没有多少朋友，甚至能让他可以一同分享自己天才发现的熟人也很少。

在意大利以北的一些国家，一个旨在改革的思想运动正在兴起，后来发展到反对教会、教皇及其整个统治系统。这场宗教改革运动是和德国维滕贝格大学的教授马丁·路德的名字联系在一起的。马丁·路德强烈谴责教会从事的赎罪券交易，否定主教会议的绝对正确和教皇的权威，要求取消宗教等级制度。

他把福音书看做信仰的唯一基础，他摒弃了许多宗教仪式，取消了对圣人的崇拜和修道院的宣誓活动。他要求神职人员完全贫穷，要求剥夺教会占有的财产。路德学说的拥护者被称为新教徒。不久，新教徒与天主教徒之间开始了一场宗教争斗，天主教徒以神圣罗马帝国皇帝查理五世为首。神圣罗马帝国的贫民把改善命运的希望寄托于宗教改革，农民奋起投入了反对封建主和封建社会剥削的斗争。闵采尔成为农民起义领袖，他宣布了人人平等的原则。他的拥护者被称为再洗礼教派信徒，他们实行两次洗礼，因为他们认为婴儿时的洗礼是无效的。路德会改革的影响遍及所有西欧和北欧国家。

在法国和瑞士，约翰·加尔文掀起了又一场宗教改革运动，他像路德一样摒弃了教会学说，把《圣经》看做是信仰的基础。加尔文不承认多数宗教仪式，在取消宗教仪式方面比路德走得还远，他把音乐和绘画从教堂中排除出去，礼拜活动也只局限于布道、合唱和接受圣餐。加尔文的改革思想首先席卷法国、荷兰、英国、苏格兰和瑞士的一部分地区，随后匈牙利和波兰也出现了加尔文派的拥护者。在波兰，赞成加尔文思想的主要是渴望实行改革的小贵族。在立陶宛，也出现了加尔文思想的拥护者。在波兰，又从加尔文思想派生出一个叫做波兰兄弟会的激进派别，他们的口号是人人平等，要求改善农民的命运。

宗教改革在波兰遇到了适宜的气候。正值波兰着手进行诸多改革的时期，贵族正在为争夺国家领导权而斗争，成立摆脱罗马教廷控制的民族教会的想法赢得了许多拥护者。同欧洲重要宗教改革家提出的主张无关，波兰一些思想家提出了自己的改革建议。

国王齐格蒙特一世试图反对宗教改革。为此，他发布了一系列布告和禁令。贵族和神职人员之间常因什一税和教会审判权等问题发生冲突，正是这些冲突为宗教改革开辟了道路。

路德派的改革思想很快席卷了波兰，并在普鲁士公国扎根。在波属普鲁士，其中包括哥白尼的长期居留地——瓦尔米亚，改革思想也得到了迅速传播。宗教改革对瓦尔米亚神甫会构成了威胁，因为这种改革思想将会抹杀其存在的意义。为此，与这种改革运动的斗争要比同一种新的宗教斗争还重要。哥白尼对这些神学辩论不感兴趣，他也没有谴责宗教改革者。哥白尼懂得，如果他谴责宗教改革者，那将会是非常不道德的，因为他自己所从事的研究工作也是反对正统教会思想的。他对社会改革的兴趣主要是经济问题。他从来没有像神甫会其他同僚那样厌恶路德的信徒，他的第一个学生就来自马丁·路德身边。

在市民阶层看来，路德主义是一种廉价的宗教，因它并不要求人们为教会作出多少贡献。封建地主和穷人都对路德主义寄予希望，希望能把教会的巨大财富分掉。正是基于这样一种认识，形成了有助于宗教改革思想传播的条件，这一点是哥白尼十分清楚的。

布拉涅沃成为瓦尔米亚宗教改革运动的重要中心。该城市的市民和市议会发生了许多尖锐冲突，并多次发生骚乱。对各种改革思想（其中包括路德学说）来说，这里有良好的传播基础。波兰国王齐格蒙特一世对事态发展感到不安。国王担心这场宗教改革不仅会席卷整个瓦尔米亚，而且会席卷像格但斯克、托伦这些波属普鲁士的大城市。国王想不惜任何代价阻止这种情况发生，但实际上他不过是延缓了传播过程，而从未真正遏制住它。

在波兰和普鲁士最高官员的陪同下，国王亲自来到格但斯克，在那里血腥镇压了路德派反叛首领，随后又平定了布拉涅沃和埃尔布隆格的动乱。钦差大臣们开始在这些城市侦缉路德派的宣传鼓动者。

埃尔布隆格爆发了非常激烈的冲突，导致冲突的宗教问题和社会问题交织在一起。其本质是穷人暴动，目的在于反对贵族和富有神职人员的压迫。暴动在 1525 年 2 月 1 日开始，当时路德派的信徒提出反对多明我会修道院，并想要铲除这座修道院。拥护路德派的市议会下令禁止多明我会修士在教堂布道和传教。平时深受市议会压迫的小市民利用多明我会修士事件，向议会提出了各种要求，譬如减税和改组议会等。

起初，小市民们试图通过谈判迫使议会让步，但当他们发现谈判无济于事时，就转而去找马尔堡市长斯坦尼斯瓦夫·科希切莱茨基来帮他们出主意，同时要求市议员们辞职。

2 月 6 日，百姓们推翻了市议会，把 6 名议员驱除出议会，留下 9 名，又推选了 15 名新议员。这次暴动中产生的新议会统治持续 9 个月。埃尔布隆格的百姓们曾幻想：他们能得到波兰国王的支持，国王会赞许他们的行动。然而，国王的钦差大臣们把造反者选出的议员全都赶出了议会，同时发布了一系列反路德派的指令，禁止宣传和传播路德学说。一场群众性运动就这样被平息了。

哥白尼的学说在欧洲传播得越来越广、影响越来越大，也传到了路德的耳朵里，但对路德派来说，同对罗马天主教一样，哥白尼的学说本质是危险的。这位伟大的宗教改革家是这样看待伟大科学革命家的发现的，他写道："有人提到一位新天文学家，说他想证明：不是太空或天、太阳、月亮……而是地球自身在动，在转圈子。现在的事儿就是这样：谁想当聪明人，谁就得想出点儿特殊的东西来，而且又一定是最好的。这个蠢人妄想把天文学的全部颠倒过来。然而，正如《圣经》所指出的，约书亚命令太阳，而不是地球，停止不动。"路德的言论传到了哥白尼的耳朵里，普鲁士两个地区的路德派信徒也知道了路德的这一看法。费贝尔主教发出的严厉指示使人们开始回避路德派的信徒。弗龙堡的神甫，其中包括哥白尼，都不大愿意和路德派信徒来往。不久之后，从埃尔布隆格又传来一个消息，这消息使哥白尼感到痛心。在 1531 年 2 月 19 日，当地的路德派信徒们在狂欢节化装舞会上嘲笑了教皇、红衣主教、主教、神甫以及其他一些神职人员。费贝尔主教在狂欢者行列中看到了影射自己的丑角形象，那是一个穿着主教服装的滑稽可笑的人，在大街上边走边散发用来宽恕堕落和凶杀行为的赎罪券。行列中，还有一个打扮成弗龙堡神甫模样的人在装腔作势，表演自己定住了太阳、转动了地球。这番表演在聚众的闲客中引起阵阵哄笑。然而，这样的小小闹剧只不过是哥白尼年老时将要遇到的一系列痛心事的预告而已。在此后许多年，愚昧人的嘲笑声一直伴随着哥白尼。一些对哥白尼不友好的人因这位智慧超过他们的人被嘲笑而感到幸灾乐祸。

莫里齐·费贝尔是哥白尼在瓦尔米亚生活时期的第三位主教。当他感到自己的大限即将来临时，他留下了遗嘱。在遗嘱中，他提出要留给自己最亲密的顾问哥白尼 100 个弗罗伦，却没指定他作为自己的接班人。费贝尔早就想把瓦尔米亚主教的宝座留给自己的舅舅——哥白尼的好友蒂德曼·吉斯。费贝尔主教在临终前也表示，要把海乌姆诺主教职务交给蒂德曼·吉斯，同意让丹蒂谢克担任副主教。1537 年 7 月 1 日，莫里齐·费贝尔主教去世，神甫会又开始选举新的瓦尔米亚主教。仍是从神甫们提交的名单中，由国王挑选出四名主教候选人，神甫会再从这四人中选举主教。国王挑选出的四名候选人中有尼古拉·哥白尼，其余三人是扬·丹蒂谢克、扬·齐梅尔曼和阿哈希·冯·特伦克。哥白尼是第一次被提名为候选人。出于礼貌考虑，忠于国王和波兰并献身于天主教事业的扬·丹蒂谢克当选为主教是顺势而为。选举扬·丹蒂谢克担任瓦尔米亚主教也就结束了国王与神甫会之间有关选举国王喜欢的人担任这一职务的多年争执。

早在青年时期，哥白尼就和丹蒂谢克相识。当时，丹蒂谢克是一位爱好文学的人文主义者，并且是一位很出色的波兰语、拉丁语诗人。他当了海乌姆诺主教后，哥白尼仍和他保持着密切联系。

扬·丹蒂谢克的本名是汉斯·弗拉克斯宾德尔，扬·丹蒂谢克是他的化名。他一生中曾几次更换化名，这在文艺复兴时期很时髦。丹蒂谢克比哥白尼年轻 12 岁，他过着完全不像神职人员的活跃生活。他在 17 岁时参加了反对土耳其人和鞑靼人的远征。后来回到克拉科夫，在亚历山大·雅盖隆契克国王身边工作。当王宫里的工作使他感到厌倦时，他就离开王宫到世界各地漫游。他游览了意大利、希腊、巴勒斯坦和阿拉伯半岛，以及西班牙和其他一些国家。在意大利，他获得了古典文学家称号，并成为杰出的诗人。在外交方面，丹蒂谢克也表现出了自己的天才。他性情活泼、机敏，善于交际。

波兰宫廷开始注意丹蒂谢克，因为国王很需要具有外交天才的人。另外，他又是一位坚定的波兰爱国者并熟悉普鲁士事务。起初，他给国王当私人秘书，陪同国王访问了维也纳，后来作为波兰大使留在了维也纳皇宫。他很快成为欧洲有名的诗人，马克西米利安皇帝也授予他桂冠，以表对他天才的赞赏。作为波兰大使，他周游世界 17 年，陪伴皇帝从一国首都到另一国首都游览，甚至还陪皇帝亲临一些战场的前线。他一直忠于波兰，需要时他也从事过反对皇帝的活动。皇帝看重他不仅仅因为他是诗人，也因为他是能干的外交家。他曾以马克西米利安皇帝的名义出使威尼斯，担任和谈的中间人。他还受查理五世皇帝的委托到巴黎与哈布斯堡王朝的对手法国国王达成和解。他能够调解皇帝和教皇的关系，使他们联合起来共同反对土耳其人。

丹蒂谢克是欧洲当时比较知名且比较受欢迎的人物之一，而作为诗人，可谓杰出。在以尽情享受生活乐趣为时髦的时代，他也不甘落后。他在欧洲多地都有情妇，他充满色情的诗歌中所赞颂的是美酒、女人、爱情和歌声。

然而，时代发生了变化，过分享受轻松愉快的生活的做法已经不再时髦了。宗教改革席卷欧洲，人民掀起了暴动。丹蒂谢克也发生了变化，他摇身一变，成为旧势力的坚决维护者和道德楷模。就连他从前的游乐伙伴也认为他这种突然转变相当讽刺，或者把这当做取笑这个厚颜无耻者的绝妙武器。

丹蒂谢克开始维护教会利益，与路德派展开斗争，一有可乘之机，他便沿着教会的阶梯向上爬。顺应教会的权力阶梯就好像是他的副业一样，他知道，在这方面的收获对他迟早是有用的。波兰国王先后授予他一系列负责教会的职务：先后把克拉科夫郊区的戈翁布教区、弗龙堡大教堂、最大的格但斯克教区以及海乌姆诺主教区交给他掌管，直到最后作为大公就任利兹巴克的瓦尔米亚主教。担任这一职务几乎使他成为国王在波属普鲁士的全权代理人，丹蒂谢克开始在波属普鲁士严厉打击宗教改革运动。在这方面，他远远超过了所有前任。

丹蒂谢克严厉禁止阅读路德派书籍，尤其是由马丁·路德译成德文的《圣经》。丹蒂谢克认识宗教改革的主要领导人——马丁·路德和菲利普·梅兰希通，甚至曾经以此为荣、感到骄傲。

丹蒂谢克和菲利普·梅兰希通的交往持续很久，他们之间经常有书信往来。丹蒂谢克总怀着极大兴趣关注着梅兰希通发表的作品。

几年以后，路德被开除出基督教会，于是丹蒂谢克也不再承认他们的相识。1519 年，丹蒂谢克参加了查理五世就任神圣罗马帝国皇帝的加冕典礼，并与查理五世一起到了意大利，在那里当调解人促使皇帝同教皇于 1529 年签订了合约。第二年，又遵照齐格蒙特一世的指示在奥格斯堡议会上为阿尔布雷希特大公进行了辩护。这时，他很渴望返回波兰，但国王并不急于撤回赋予他的使命。

第四篇　晚年生活

在许多问题上，我的说法跟前人大不相同，但是我的知识得归功于他们，也得归功于那些最先为这门学说开辟道路的人。

——哥白尼

爱情夭折

1532年7月，丹蒂谢克奉召回国。波兰国王已经为自己青睐的这个人做好了安排，准备让他给患病的瓦尔米亚主教莫里齐·费贝尔当副主教，以便以后出任瓦尔米亚主教。瓦尔米亚主教和神甫会则希望推选自己人——让一直生活在瓦尔米亚的蒂德曼·吉斯担任副主教。哥白尼也热情地支持自己的朋友当选，于是哥白尼以主教和神甫会的名义起草了一封致各位总督、各城堡司令和神甫的公开信，信中阐述了需要为费贝尔主教选一名助手和继承人的原因，并列举了蒂德曼·吉斯的优点：有学问、正直、热情、信仰坚定。然而，国王的意志打乱了瓦尔米亚主教和神甫会的计划。1533 年，格但斯克啤酒酿造工的儿子丹蒂谢克从他的朋友和庇护人彼得·托米茨基主教手里接过了授予他的神职，当上主教。丹蒂谢克知道哥白尼当初并不支持他，于是便把这件事牢牢记在心里。在担任海乌姆诺主教时，丹蒂谢克曾于 1533 年邀请哥白尼和费利克斯·赖希到卢巴瓦官邸去欢度复活节后的第一个礼拜日。他在邀请函中称赞哥白尼知识渊博、有很多优点，同时说自己帮哥白尼在世界上扬了名。

哥白尼对这封邀请函持很大保留态度，他礼貌地婉言谢绝了邀请，表示不能去拜访这位新上任的主教。哥白尼在回信中写道：

> 有您这样的庇护人，我实在有说不出来的高兴。至于阁下要求我在本月 20 日到阁下那里去，有拜访阁下此般朋友和庇护人的重要机会，我真是再高兴不过了。可惜不幸的是，这段时间恰好有一些必须做的事情使我不能离开这里，请阁下不要因我们缺席而见怪。

哥白尼给丹蒂谢克写过不止一次信，信中常常解释他为什么没有出席有主教参加的隆重仪式。

哥白尼总是礼貌地答复丹蒂谢克的每次来信，他不允许自己和主教发生冲突，甚至也不能有一点儿轻视主教的迹象，因为主教背后站着波兰国王。哥白尼在回信时，还把自己得到的外部世界的消息告诉给主教。哥白尼对政治感兴趣，所以就向主教叙述他耳闻的各种事件；主教曾经当过十几年外交官，对此也很有兴趣。

哥白尼与丹帝谢克的关系逐渐正常起来。丹蒂谢克在就任瓦尔米亚主教以后，曾经向哥白尼建议让齐格蒙特一世的私人秘书斯坦尼斯瓦夫·霍兹尤什来接替自己。霍兹尤什后来成为红衣主教。丹蒂谢克多次请哥白尼治病，哥白尼是唯一能向他提供有效治疗的医生。

丹蒂谢克刚刚当上瓦尔米亚主教，就与弗龙堡神甫会的一些神甫发生了矛盾。他开始清算那些以前阻碍——特别是反对他担任瓦尔米亚主教的人。

哥白尼则由于安娜·希林遭受了许多磨难。安娜·希林是哥白尼的女管家。哥白尼其时已经是一位老人，安娜·希林虽然也早过了青春年华，她的美貌却仍然十分引人注目。当时在弗龙堡神甫们的管家、佣人和厨子中，安娜·希林显得与众不同，其原因不完全因为她的年龄和容貌，否则为什么这位非常注重道德和关心拯救神甫会成员灵魂的主教丹蒂谢克，会在哥白尼去世几年之后仍然禁止神甫会成员与她保持任何联系呢？

安娜·希林出身于格但斯克一个富有家庭，她为哥白尼当管家并不是出于物质利益的考虑。哥白尼在自己的书和草稿的空边上经常会画一些常春藤叶——希林家族的徽号，由此可见，是感情把他们联系在一起的。哥白尼很早就认识安娜，早在筹备普鲁士货币改革时期就与她的家庭有着密切往来。安娜的父亲马切伊·希林是文艺复兴时代最杰出的设计和刻制币章图案的工匠之一。这家人原籍阿尔萨斯的维桑堡，同德茨尤什一家一起于 15 世纪来到克拉科夫。1507 年，马克西米利安皇帝封他们为贵族，后来齐格蒙特一世也承认了他们的贵族地位。这个家族使用的徽章图案是一支三叶常春藤，周围是圆环。哥白尼在自己笔记本的空边上画的正是这种图案。尤斯图斯·德茨尤什推选马切伊·希林担任改革后的托伦造币厂厂长后，马切伊·希林不仅负责该厂的管理工作，同时还为波兰货币设计图案。1535 年托伦造币厂关闭以后，希林转到格但斯克担任当地造币厂的领导。哥白尼正是在那里把他的女儿安娜带到弗龙堡，让她协助自己料理家务。

哥白尼和希林家族有着某种远亲关系，这可能是哥白尼带走安娜的一个前提条件。尽管那时安娜很年轻，可还是来到了这位老神甫的家。丹蒂谢克刚到利兹巴克就任主教时，安娜已经在哥白尼的家里居留了五年。丹蒂谢克作为瓦尔米亚主教，逼迫哥白尼把安娜赶出家门，并通过自己的仆从对哥白尼进行监视，看哥白尼是否还同安娜会面。哥白尼执行主教的指示，让安娜离开了自己的家，但却一直同安娜保持见面，直到他去世为止。安娜则在哥白尼去世后又在弗龙堡住了一段时间才回到格但斯克。丹蒂谢克不仅亲自提醒哥白尼，还曾动员哥白尼的朋友——海乌姆诺主教蒂德曼·吉斯和费利克斯·赖希神甫做说服哥白尼的工作。费利克斯·赖希巧妙地答复主教称：他理解丹蒂谢克要拯救哥白尼灵魂的愿望，也赞成主教的立场，但如果直接说给哥白尼听的话，那哥白尼有可能会羞愧得自焚。

哥白尼在执行上司旨意时，忍受了巨大的别离之苦。他给上司的答复是恭顺的，然而字里行间却充满着伤感。哥白尼在回信中这样写道：

我和大家都尊敬的至圣之父和最仁慈的先生：

我把阁下的告诫视为父亲般的，甚至超过父亲般的劝导，我在内心深处接受这些告诫。我起码没有忘记阁下笼统提示的第一个问题，我很想按阁下希望的那样去做，但是想要立刻找到有亲缘关系并且正直的女管家并不容易，所以准备最迟在复活节之前解决这个问题。现在，为了不使阁下认为我在有意拖延，我把时间限定为一个月，即在圣诞节之前解决。阁下大概能知道，不可能再快了……

同一天，即1538年12月2日，费利克斯·赖希也给丹蒂谢克回了一封信，信中写道：

至于谈到尊敬的尼古拉·哥白尼先生，我赞赏阁下令人钦佩的愿望和那父亲般的提示，我也希望这种告诫能够触动他的心扉，这样就无须我再提示了。我担心如果他发现我知道这件事，他会感到羞愧。阁下谈生意问题的信，我本来可以读给他听，如果不是中间穿插了一些话，尤其是我们谈的这件事……

在如此尖锐告诫哥白尼的同时，丹蒂谢克却安排自己的女儿约安娜嫁了人。

事情并没有就此结束，因为哥白尼让安娜离开了自己的家，但却仍然同她幽会。丹蒂谢克为了抚慰哥白尼，请他讲述一些他舅舅——瓦尔米亚主教瓦岑罗德的事。哥白尼在给主教回信时顺便提到了他遵照指示解决安娜问题的情况，他这样写道：

我已经执行了我无权也不敢轻视的任务，接受了阁下的告诫。至于阁下想要了解的事情，即阁下的前任、我的舅舅乌卡什·瓦岑罗德活得很久的问题，是的，他活了64岁又5个月，担任主教23年。在1522年3月的倒数第2天去世。他的家族也从此绝迹，家族的族徽至今还能在托伦一些最古老的建筑物上和许多工厂里见到。

蒂德曼·吉斯曾竭力劝丹蒂谢克相信，关于安娜和哥白尼关系的传闻是被夸大了，不足为信。他说：

遵照阁下的意愿，我同尼古拉·哥白尼博士先生进行了严肃的谈话，并对他把话说明了。他对那些不怀好意的人又指责他与她幽会感到相当惊讶。再说，他当时毫不迟疑地执行了阁下的指示。他拒绝回应有关那个人被解雇后又同她见面的指责，只有一次例外，那是在柯尼斯堡的市场上，她情不自禁地和他说了话。总之，我相信他并不像许多人想象的那样痴情。年事已高再加上不间断的学习以及他正直的品行，是他在这方面的保证。尽管如此，我还是提醒他避免任何有罪过嫌疑的举动，我想他会在意的。另一方面，我建议阁下不要过分相信告密者……

信中这件事的“告密者”是帕维尔·普沃托夫斯基——瓦尔米亚神甫会大教堂的教长，他仇视哥白尼，他向主教报告哥白尼的一切活动，其中一份报告这样写道：

> 至于弗龙堡的那位小女人，她在亚历山大·斯库尔泰蒂的家里藏了几天，她许诺说要带着自己的儿子离开。亚历山大带着满意的神情从卢巴瓦回来。我不知道他带来了什么消息。他暂时与尼德罗夫和女管家在一起，女管家的样子像啤酒店的女招待，沾染了各种不良习气。来自尼古拉博士身边的那个人实际上已把自己的东西寄送到格但斯克，而她自己却仍然留在弗龙堡。

丹蒂谢克的朋友阿哈希·冯·特伦克神甫在这个问题上表现得很理智。特伦克神甫对哥白尼很友好，他在写给丹蒂谢克的信中竭力反对污蔑和谩骂哥白尼，他说：

> 我在卢巴瓦遇见了尼古拉博士，有人当着他的面提到了他的女管家。尼古拉声明说，永远也不会让她再进自己的家，不想再同这件事有任何牵连。我知道，阁下以前曾因他的行为提醒过他，我相信这没有白费。再说，年龄和智慧也很容易使这位如此高尚的人放弃这类事情。

丹蒂谢克作为哥白尼在教会的上司，不能容忍老神甫的浪漫行为。但必须承认，他对哥白尼非常温和，没有再深入追究这件事。

正当哥白尼感到非常苦闷时，出现了一个人。这个人在哥白尼生活的最后年岁里成了哥白尼最忠实的学生和朋友，这个人丝毫不在意有关老师的传闻和老师周围的气氛。再说，作为一名新教徒的他对这类事根本不予理睬。这个人就是纽伦堡大学教授格奥尔格·约阿希姆·冯·劳亨，又名雷蒂克。他对哥白尼的天才发现非常感兴趣，于是慕名来到弗龙堡。他的到来为传播哥白尼的天才学说起了相当大的作用。

巨著诞生

公务活动将哥白尼造就成忠于国家且对经济有贡献的行政管理者，他的忠诚即使在艰难时刻也从未动摇过。仅这些功绩就足以使哥白尼作为名人载入地方史册，作为忠诚的爱国者和多才多艺的人文主义者永垂民族青史。然而，天文学方面的成就又进一步使哥白尼赢得了来自全世界的赞誉。摆脱公务活动后，他能够无拘无束地献身于自己的爱好，然而，天文学研究方面的主要成就却是他在积极从事公务活动时期取得的。他很早就写出了《短论》这个太阳中心说的提纲，但大约在 1515 年才开始撰写他的主要著作《天体运行论》。这部巨著断断续续地共写了 18 年，随后又进行了一些修改，最后才准备出版。当时的天文学家和哥白尼的朋友们从《短论》中已得知哥白尼提出的全新论断，这一论断推翻了当时天文学的基础理论。哥白尼把科学和神秘的巫术区分开来，这使他永远遭到那些丧失了赚钱门路并受到嘲弄的占星术士们的仇视。虽然哥白尼身居远离科研中心的弗龙堡，却对当时发生的各种科学事件了如指掌。很多朋友向他传递国内外的重要科学发明和新出现的科学观点，也有不少学者经常请他对与天文学相关的各种问题发表看法和意见。

哥白尼青年时代的一个朋友伯纳德·瓦波夫斯基居住在克拉科夫教区，给国王当秘书。他以前在大学学习法律，但业余爱好天文学，因为天文知识是他绘制波兰地图所需要的。1524 年春，他把扬·维尔纳在 1522 年发表的名为《论第八天体的运动》的著作寄给哥白尼，并请哥白尼对这本书发表看法。这本书在当时的天文学界已得到肯定的评价。扬·维尔纳曾经是弗龙堡的神甫，后来搬到纽伦堡，在纽伦堡成为比较知名的天文学家之一。哥白尼对维尔纳著作的评价与大众评价截然不同，这在欧洲引起了极大兴趣，由此也使哥白尼的名字广为流传。哥白尼很快发现，维尔纳犯了许多错误，他的论断只会在天文学家中引起混乱。1524 年 6 月 3 日，哥白尼将自己的看法写成信寄给了瓦波夫斯基。这实际是关于维尔纳著作的一封激烈的辩论信，信上详细列举了纽伦堡这位不幸的天文学家的所有失误。但在信中，哥白尼没有透露自己有关地球运动的观点，所有的批评仅根据正统科学所提出。写给瓦波夫斯基的这封信是哥白尼辩论文章中的杰出范例，也显示出作者具有出色的文学天赋，这封信的主要内容如下：

尊敬的克拉科夫教堂歌手和神甫、波兰国王陛下的秘书伯纳德·瓦波夫斯基先生，尊敬的阁下：

不久前，你——我最好的伯纳德将扬·维尔纳在纽伦堡出版的《论第八天体的运动》一书寄给我，说许多人赞扬这本书，你请我谈谈对这本书的看法。如果我能赞赏和真诚地推崇它，那我可能很乐意这样做，此外，我还会称颂作者的热情和付出的努力。亚里士多德告诫人们，哲学家不仅应该感激那些说得对的人，也要感谢那些说得不对的人，因为已经得到证实的错误往往会给那些想沿正确道路前进的人带来不少好处。再说，批评的好处并不多，也没有多大作用，因为厚颜无耻之徒的天生特点是喜欢讽刺挖苦，而不是创造。由此令我感到担心，会不会有人指责我只知责备别人，而自己却什么好的东西也拿不出来。想到这儿，我本想把这个问题原封不动地留给其他人，让其他人去努力解决。为了让你了解我的想法，尊敬的阁下，我愿给你一个笼统的回答。因为我认为，谩骂和指责是一回事，而改正和使人摆脱歧途则是另外一回事。同样，赞扬是一回事，而溜须拍马和阿谀奉承则是另外一回事。我没有理由不满足你的要求，也不能拒绝在你提出的这些问题上花费功夫、付出努力。为了不使人们说我对这个人批评得过分大胆，我尽可能清楚地说明，关于恒星运动，他在哪些地方搞错了，他论证的缺陷是什么，这对更准确地理解这方面的原则会有不少帮助。

首先，他把时间计算错了。他认为安东尼·庇护二年克罗狄斯·托勒密把自己观察到的恒星写进星球目录时是基督诞生后的150年，而实际上却是139年……如果有谁怀疑，不想就此罢休，想纠正这一点的话，那他应该记住，时间是数字，是对天空旋转的度量……而度量则是靠相互依赖性进行测定的，因为度量是相对的。既然托勒密的图表是根据他不久前的发现制定的，那就不可能设想这个。图表会和他当时的发现有什么偏差，或者和他的思想有什么差距呢？否则就不符合他所依据的那些原则了。另外一个不小于前一个的错误表现在他的指导思想上……说托勒密之前400年恒星位置的变化仅仅是因均匀运动造成的。为了更清楚地说明这一点……我以为必须注意到，我们有些认识是与自然不符合的，我们关于星球的认识就属于此类，同实际情况刚好相反……关于第八天体的运动问题也是这样，由于它运动得过于缓慢，古代天文学家能向

亚里士多德开辟了逻辑这一学科

> 我们正确揭示它的运动规律。然而，想研究这种运动的人应该沿着古代天文学家的足迹，依据他们留给我们的那些发现继续进行考察。……如果有谁不这样做，认为他们是不可思议的，那么科学的大门就会真的对他们紧紧关闭。在门前休息时，他便会病态地梦想出第八天体的运动情景来——于是就有了功劳，想通过贬低古代人来为自己的幻觉帮忙。众所周知，古人异常勤奋、顺利和周密地观察了这一切，并给我们留下了许多杰出的和令人叹为观止的发现。所以我无论如何也不能相信，像这位作者所估计的那样，古人在标示星球位置时会弄错四成、五成，乃至六成。关于这一点，我们以后还要详谈。

作为一名尊重并善于运用古典科学成果的人文主义者，哥白尼写下了上面这些话。通过这种方式，他对低估和轻视古希腊学者成就的人表示了自己的豁达。古希腊学者的发现随着时间的推移，早已被人们遗忘。正是由于重温古代学者的著作，哥白尼才达成自己的发现。维尔纳对早期学者的轻蔑态度，直接伤害了哥白尼，所以哥白尼才如此尖刻地同这位纽伦堡学者展开辩论。哥白尼主要谴责了维尔纳对摆动提出的看法。很长时间以来，哥白尼自己也在研究这个问题。按照当时的观点，所谓的第八天体的运动是该天体直径两端沿着小圆的圆周运动形成的，而这些小圆的圆心又作缓慢、单一的运动。哥白尼把这种圆心运动称为“均匀运动”，而沿圆周的运动则称作摆动，即今天所称的和谐运动。无论是哥白尼，还是维尔纳，都对直线摆动，即活动点投影沿黄道的运动，更感兴趣。为了便于理解，让我们设想：有一个正在水平方向做圆周运动的物体的影子，这个影子在两个方向上沿直线来回移动，但移动的速度不同，在直线中心时的速度最大，在两端时的速度则大大降低。这种摆动成为该物体的单一直线运动，只是在活动点的两端上，摆动才不影响天体的速度。这时，它的速度和圆心的运动速度相同。维尔纳错误地认为，在中心位置时摆动对速度的影响消失。下面让我们回到哥白尼的辩论信上来，哥白尼接着写道：

> 现在我们来看一看，实际情况是否像作者所说，托勒密以前400年恒星位置的变化仅仅是因均匀运动造成的。他提出这一论点的依据是恒星在同等时间作单一的均匀移动，也就是说直到阿里斯堪克和蒂莫哈雷斯时期，甚至到托勒密时期，每个世纪移动一度……不管怎么样，他作为如此高明的数学家却没有发现，下述情况无论如何是不可能的：在接近均衡点时……星球运动比在其他任何地方显得更均匀，因恰恰相反……那时星球的位置变化最大……于是他认为，这个计算结果有时少了，而有时又多了同样的一个数量……这就好像说从雅典到底比斯的距离和从底比斯到雅典的距离不一样。算到两个不同位置时，或者加上，或者减掉二个数……这样，两种情况的结果就都一样了……于是，他便把自己的错误归咎于蒂莫哈雷斯，而托勒密勉强幸免。然而，如果他认为那些人的发现是不能相信的，那么还剩下什么呢？难道连他自

己的发现也不相信吗？……至于我自己如何看恒星天球的运动，我感到这里并不是过多谈论这个问题的时候。以后再找机会谈这个问题吧……

尊敬的先生，愿你健康幸福！

尼古拉·哥白尼

1524年6月3日

于瓦尔米亚

这封信首先在克拉科夫学术界引起轰动，随后它的抄写件开始在欧洲流传，甚至在哥白尼死后仍在流传。

伯纳德·瓦波夫斯基认为靠书信往来不能与哥白尼充分交换意见，于是他决定长途跋涉，亲自从克拉科夫到弗龙堡去拜见哥白尼。1535年秋，他来到弗龙堡，这是两位老同学分别多年后的首次会面。瓦波夫斯基对哥白尼的工作非常感兴趣，他恰好在哥白尼的主要著作已经完成的时候来到了弗龙堡。但是，为了瓦波夫斯基编写各种天文资料和编制天文历法的需要，哥白尼仍然要继续进行天文观测。瓦波夫斯基将哥白尼写的一部分手稿带回了克

哥白尼的墓碑

拉科夫，并把它交给了奥地利的外交官齐格蒙特·冯·赫伯斯泰恩，托他把哥白尼的这些手稿作为天文历法的一部分在维也纳发表。

可惜，瓦波夫斯基不久就去世了，哥白尼的历书也就这么丢失了，没有任何人再去管这件事。哥白尼自己也没有为发表这部作品做过任何努力，尽管波兰沿海地区就有好几家印刷作坊。

在摆脱了繁忙行政事务的晚年，哥白尼能够安静地从事天文观测和研究。他和外部世界保持着联系，时常有人来看他或给他写信。多年来，他几乎每天都与自己的朋友、神甫会的同事蒂德曼·吉斯真诚地交流观测结果，两人无所不谈。蒂德曼·吉斯把哥白尼著作的出版看做自己的事情，甚至在哥白尼逝世后，他仍致力于朋友著作的出版，直到自己生命的最后一息。把他们联系在一起的不仅是对科学和生活的共同认识，还因他们在神甫会一起从事过共同的工作。

哥白尼的朋友们在意大利教会的高级神职人员中传播哥白尼的理论和观点，以便通过这种办法为哥白尼公布自己的学说铺平道路，从而实现当时的科学革命。因他们的努力，方济各会红衣主教尼古拉斯·冯·勋伯格对哥白尼的著作产生了强烈的兴趣，以至于在1536年11月1日，他直接给哥白尼写了一封信，申明自己想了解哥白尼的学说。他在这封信中写道：

方济各会红衣主教尼古拉斯·冯·勋伯格向尼古拉·哥白尼问好。几年前，我就听说了你的名字，关于你的天才，舆论的看法是一致的，当时我就对你产生了较大的好感，并向以你为主的人们表示祝贺，你像一朵鲜花在我们之中绽放。因为我知道：你不仅深谙古代数学家的发现，而且建立起了一个新的宇宙理论。在这个新理论中，你教导人们：大地在动；太阳是宇宙的根本，因此占据中心位置，八重天是不动的和永恒的；月亮连同它所在天层的各种因素位于火星和金星天层之间，每年绕太阳旋转一周。你还编撰了关于这一天文体系的《短论》，并给所有被弄错了的星球运动重新编写了图表，这使所有人赞叹不已。学识渊博的大师，如果你不觉得我讨厌的话，我请求你，强烈地祈求你，把你的这个发现分享给科学爱好者们，并能尽快地把你有关天体的研究材料和图表及其他各种有关材料邮寄给我。我已经派莱登的特奥多里克到你那里，由我付钱请他把你的材料抄寄给我。但愿你能满足我的请求，你知道我是崇拜你的人，并渴望为像你这样伟大的天才说句公道话。祝你健康！

这位莱登的特奥多里克不是别人，正是拉增的特奥多里克或称迪特里希，他是哥白尼在瓦尔米亚神甫会的同事，当时正担任神甫会驻罗马教廷的代表。对哥白尼来说，这封信是对他所从事的工作的赞扬，但同时也使他感到担心，担心他的发现可能遭到教会的敌视。哥白尼的高兴也未能持续多久，这位开明的红衣主教第二年便去世了。这位红衣主教本来可能可以成为哥白尼学说的庇护人和捍卫者。

哥白尼早期著作的抄本早已在整个欧洲流传，而只有为数

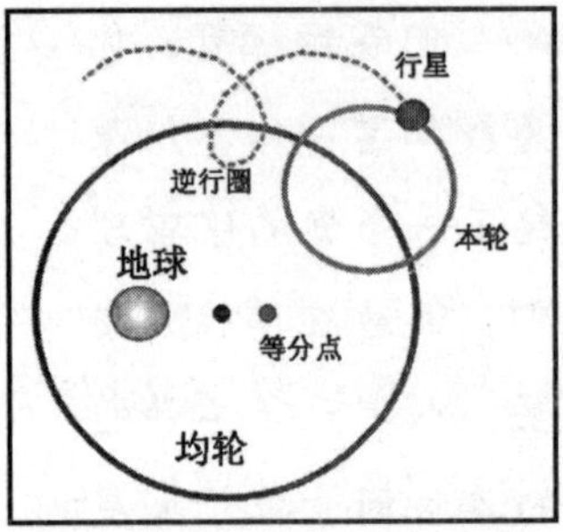

哥白尼之前人们对宇宙的认识

很少的朋友了解他所正在写的具有划时代意义的巨著。这部巨著差不多就要定稿，就放在哥白尼的住房里。哥白尼并不急于出版这部著作，因为这部著作驳斥教会所承认的权威，这样自然也就危及了正统的教会理论。在与教会有关的保守知识界看来，日心说是宣传没有上帝的学说。为此，哥白尼担心会因这部书而被指控散布异端邪说，进而受到宗教法庭的审判。他更担心的也许是自己的发现不被人理解。关于他的学说，除友好的赞扬声外，也有些试探性的信号表明，这种学说不仅会受到天主教会，也会受到路德派人士的严厉谴责。马丁·路德本人就把哥白尼称为蠢人。

名为《天体运行论》的著作有十多年一直以手稿形式搁置在哥白尼的宿舍里。完成这部著作之后，哥白尼并未停止研究工作，仍然不断地利用天文仪器进行观测，这些观测进一步证实了他的计算结果和所得的结论。

哥白尼起初把自己这本著作分为八章，后来又分成七章，而交付出版的是六章。1525 年前，他撰写了前四章，后两章则是 1530 年以后写的。他的手稿是用非常难以辨认地充满了各种符号的文字书写的，只有熟悉其中奥秘的天文学者和数学专家才能看懂。后来在雷蒂克影响下，他才用比较通俗易懂的方式编辑了用于出版的文本。这本书的序言是 1542 年哥白尼写给教皇保禄三世的一封信。他在写这封信时，这本书已经交付印刷。在这封信里，哥白尼说明了自己理论的实质及其产生的条件。

因为哥白尼预见到自己的理论将会引起科学革命，所以他寻求教皇的庇护，以免自己的学说被指责为异端邪说。教皇保禄三世在位的时间为1534—1549年，他曾是著名的人文主义者以及科学和文化的庇护人。哥白尼在信中将他称为数学家，当时的天文学家也属数学家之列。这位教皇曾经对天文学，更确切地说是占星术感兴趣。有许多占星学家围着他转，没有他们的预言，他不做任何重大决定，所以人们把他称为占星学家手中的工具。在保禄三世周围可能也有过哥白尼学说的拥护者，他们竭力说服教皇相信这一学说。

哥白尼的原始手稿已经丢失，我们所了解的只有刊印出来的东西。该著作的原名为《尼古拉·哥白尼的运行六卷书》。出版时为便于更多人了解，特意改名为《天体运行论》。哥白尼认为，宇宙由以太阳为中心的天体组成，每个天体都有一个行星轨道。

该书的第一卷是基本部分，分为14章。在这卷里，哥白尼用不懂天文学和没学过数学的广大读者都能理解的语言介绍了自己天文学理论的概貌。从某种意义上说，这是一本哲学和世界观讲义。在正式论述开始之前，还有一段引言。在这段引言里，哥白尼论述了天文学在各种科学中的地位，及其实际应用。哥白尼写道：

在人类智慧所哺育的名目繁多的文化和技术领域中，我认为必须用最强烈的感情和极度的热忱来促进对最美好的、最值得了解的事物的研究。

这就是探索宇宙的神奇运转，星体的运动、大小、距离和出没，以及天界中其他现象成因的学科。简而言之，也就是解释宇宙的全部现象的学科。难道还有什么东西比起当然包括一切美好事物的苍穹更加美丽的吗？这些（拉丁文）名词本身就能说明问题：caelun和mundus。后者表示纯洁和装饰，而前者是一种雕刻品。……它毫无疑义是一切学术的顶峰和最值得让一个自由人去从事的研究。它受到计量科学的几乎一切分支的支持。算术、几何、光学、测地学、力学以及所有的其他学科都对它作出贡献。……这门研究最崇高课题的、与其说人文的倒不如说是神灵的科学，并不能摆脱困境。主要的原因是它的原则和假设（希腊人称为“假说”）已经成为分歧的源泉。我们知道，和这门学科打交道的多数人之间有分歧，因此他们并不信赖相同的概念。

这些话体现了哥白尼对天文学的无限热爱，他把天文学视为精密科学的无冕之王。对哥白尼来说，从事天文学研究不仅是纯粹的精神享受，也是他巨大热情和感情的寄托。

第一章的标题为“论宇宙之为球形”。哥白尼把对著名论断的引述作为这一章的开头：

首先，我们应当指出，宇宙是球形的。这是否因为这种形状是万物中最完美的形状，无须进行任何黏合，就形成完整的整体，既不能添加什么，也不能减少什么……

在第三章《大地和水怎样构成统一的球》里，哥白尼批驳了这样一种论点，即在我们星球上似乎水的体积要比大地的体积大。在这一章的论述中，大地被视为自然的基本因素之一。哥白尼的论证指出：

> 同表面现象相反，正是环绕大地的水形成海洋并充满地球低洼的地方。由此可见，水的体积应该小于大地的体积，否则大地就会被水淹没。因为本身的重量，两者都趋于同一中心。这使部分大陆露出水面，使生物能生存，并到处都有一些岛屿。大陆是什么呢，不就是一个更大的岛屿吗？……
>
> 由此，我认为，地和水具有共同的重心，但与地球的容积中心不相重合。因为大陆比较重，而且裂缝里充满了水，所以水的体积比大地体积小得多，虽然水域面积看起来可能更大一些。大地跟环绕它的水结合在一起，其形状应该与它的影子一样。而在月食时可以看到，地球的影子正是一条理想的圆弧。所以说，大地不是平面……也不是鼓形……而是完美的圆。

接下去的第四章和第五章，论述的是天体的运动，其中包括地球的旋转运动。第四章的标题“天体的运动是匀速的、永恒的和圆形的或是复合的圆周运动”发人深省。这一章为揭示地球旋转运动的自然性和必然性做了充分铺垫。

现在我想到，天体的运动是圆周运动，这是因为适合于一个球体的运动乃是在圆圈上旋转。圆球正是用这样的动作表示它具有最简单物体的形状，既无起点，也没有终点，各点之间无所区分，而且球体本身正是旋转造成的。

可是由于（天上的）球体很多，运动是各式各样的。在一切运动中，最显著的是周日旋转。

哥白尼用无可辩驳的论据逐步证明，将地球看做宇宙中心的论点是错误的。

第五章的标题为“圆周运动对地球是否适宜？地球的位置在何处?”。对标题本身提出的问题，他的回答是肯定的，并大体确定了地球与其他天体的相对位置。

……如果你承认天穹并没有参与这一运动而是地球自西向东旋转，那么你通过认真思考就会发现，这符合日月星辰出没视动的实际情况。……

如果我们承认地球的周日旋转，于是就出现另外一个同样重要的问题，这即是地球的位置问题。迄今为止，人们都一致接受宇宙的中心是地球这样一个信念。谁要是否认地球位于宇宙的中心，他就会主张地球与宇宙中心的距离和恒星天球的距离相比是微不足道的，但是相对于太阳和其他行星的天球来说，却还是可以察觉和值得注意的。于是他就可以认为，太阳和行星的运动看起来不均匀的原因在于它不是绕地心，而是绕另一个中心运动。就这样，他也许可以为不均匀视运动找到一个适当的解释。同样的行星看起来时近时远，这件事实确凿地证明它们轨道的中心并非地心。……

这样，哥白尼就逐渐把读者引到了自己的理论之中，同时指出了当时普遍流行的观点的荒谬性。

“天比地大，其大无比”是第六章的标题，同时也是这一章论证的主题，与第七章“为什么古人认为地球静居于宇宙中心”相类似。在第八章里，哥白尼批驳了所引述的论点，指出了它们的不足之处。“托勒密对地球和地上的一切因自然旋转（与人为作用极其不同）而飞散的担心，是毫无道理的……”在这里，哥白尼碰到了在世界观和意识形态方面具有重大意义的问题，但他没有进行研究，说它不属于天文学范畴。他采取这一立场是担心会因这一问题而招致全面攻击，而全面攻击则可能导致他的天文学观点也被推翻。

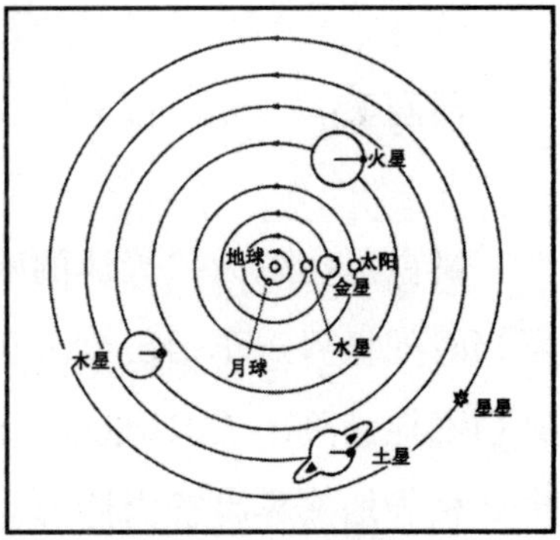

托勒密太阳系模型

哥白尼在题为“关于地球是否还有一种运动和宇宙中心问题”的第九章里，提出了一个非常重要的问题。在这一章里，他勇敢地指出：根据观测，地球并非是所有行星旋转的中心，而宇宙中心也不等于我们地球的重心。他说：

我们已经说明，地球不动的看法是没有道理的。所以我们现在应该考虑，地球是否有不止一种运动，以致可以看成一颗行星。

行星运动的不均匀性和行星到地球距离有变化的事实证明地球并非是所有行星旋转的中心。这是因为，如果行星在以地球为中心的同心圆上旋转，上述事实就无法解释。因此，各行星的旋转不是只有一个中心。这样，我们就可以讨论，地球重心是不是宇宙中心的问题了。

哥白尼在题为“天体的顺序”的第十章里提出的论断导致了当时的世界观革命。今天仍令我们感到惊讶的是，他竟然那么精确地计算出了太阳直径与太阳周围旋转的行星直径的比例，那么精确地测算出各天体与太阳距离的顺序和它们绕太阳旋转一周的时间。土星围绕太阳旋转一周的实际时间是 29 年又 167 天，而哥白尼的计算为 30 年；木星旋转一周需要 11 年又 315 天，而哥白尼的计算为 12 年；火星旋转一周需要 1 年又 332 天，而哥白尼的计算为 2 年；地球旋转一周是 1 年，而哥白尼也是 1 年；金星旋转一周的实际时间为 225 天，哥白尼的计算为 270 天；水星围绕太阳旋转一周需 88 天，而哥白尼的计算为 80 天。这些修正的计算结果是借助精确的现代化仪器而测得的，但哥白尼当时使用的则是一些十分简陋的器具。接着，哥白尼用非常美妙的语言写下一段文字，堪称一首散文诗，这在非人文学科的科学论文中是罕见的。哥白尼在论述完各天体之后，这样写道：

> 中央就是太阳。在这华美的殿堂里，为了能同时照亮一切，我们还能把这个发光体放到更好的位置吗？太阳堪称宇宙之灯，宇宙之头脑，宇宙之主宰……由此，太阳坐在王位上统率着围绕它旋转的行星家族。地球有一个侍从——月亮。正像亚里士多德在《博物志》中所说，当地球从太阳那里受孕和怀胎，以便每年生育一次的时候，月亮是地球最亲的亲人。

在第十一章中，哥白尼讨论的是“地球三种运动的说明”。三种运动即自转、周年旋转和倾斜面的运动。哥白尼是这样说明地球运动的：

> 第一种运动是地球自西向东绕轴昼夜自转……由于这种运动，使整个宇宙看起来像顺着“回归圆”作相反运动，所谓回归圆就是赤道，这是从希腊语翻译过来的。第二种运动是地心连同地球上一切的周年旋转：在金星与火星轨道间的黄道上从西向东运行。看起来好像是太阳在黄道上作相似的运动。

哥白尼在论述中穿插了大量的图表、公式和三角坐标。

第一卷的最后三章被称为“哥白尼的三角”，在手稿中本是单独的一卷，但在准备出版时并入了第一卷。1542 年在维滕贝格出版时，这三章的题目很长：论平面直线三角和球面三角的边和角——杰出的大学者、托伦人尼古拉·哥白尼先生撰写的、非常有教益和有助于理解托勒密及其他人的许多论点的小册子。这个题目当然是出版者编写的。

其余各卷（第二卷到第六卷）讲的是天体天文学、地球绕太阳的旋转、月亮的运动理论和行星的位置。经雷蒂克的努力，哥白尼的著作也是按这种编排顺序出版的。

挚友相助

雷蒂克的原名为格奥尔格·约阿希姆·冯·劳亨。他仿照其他人文主义者，根据自己家乡雷蒂亚的名字为自己起了一个拉丁化的别名——雷蒂克。由于菲利普·梅兰希通的栽培，22岁的雷蒂克就在路德派的首府维滕贝格当上了数学和天文学教授。在那里，他经常和受罗马教会谴责的重要宗教改革家打交道，他不仅与梅兰希通过从甚密，和路德本人的关系也很密切。

听说有一位老神甫提出了新的天文学理论，这引起了25岁的雷蒂克的极大兴趣，于是他不顾路德对哥白尼学说的轻蔑态度，毅然决定亲自到哥白尼那里，直接聆听和了解哥白尼的新理论。

雷蒂克来到瓦尔米亚神甫会所在时，正是丹蒂谢克主教围绕哥白尼和安娜·希林的关系掀起喧嚣恶浪之际。其间，瓦尔米亚主教发出指令，严禁阅读和私藏路德派的读物，违者要处以刑罚。在这种情况下，与作为路德和梅兰希通友人的路德派教授保持往来就显得更加危险。雷蒂克的到来，在弗龙堡引起轰动，有人钦佩他的胆量，也有人把他当做魔鬼的使者。哥白尼非常真诚且友好地接待了他。雷蒂克的到来为哥白尼带来了这位老天文学家所需要的书籍，其中几本是专写天文学或与天文学相关的书。雷蒂克在每本赠书的扉页上都写下了这样的赠言："奉献给享有盛誉的大师尼古拉·哥白尼博士先生、约阿希姆·雷蒂克的导师大人。"在弗龙堡逗留期间，雷蒂克一直称哥白尼为"我的大师和老师"或"导师大人"。

雷蒂克送给哥白尼的书籍中有几本是用希腊语出版的，此类书在此之前只用拉丁语出版。其中有一本是1533年在巴塞尔出版的《几何原理》，这本书早在近50年前哥白尼已经了解，而且在他的图书馆里一直藏有这本书的拉丁语译本。但在新得到的这个希腊语版本中增添了哥白尼尚不知晓的缪勒有关三角形的论述，这对哥白尼从事三角计算是很有用的。第二件礼物是巴伐利亚杰出数学家和天文学家彼得鲁斯·阿皮亚努斯的著作。阿皮亚努斯发明了几件天文仪器，并在题为《首次运动工具》的书里进行介绍。雷蒂克还把自己从阿拉伯语翻译过来的希斯帕拉的格伯的一本天文学著作和阿皮亚努斯的著作放在了一起。雷蒂克送给哥白尼的第三本书是波兰西里西亚地区优秀学者维泰隆的著作。然而，最让哥白尼高兴的是托勒密及其评论员亚历山大的泰翁的著作，这本书是雷蒂克去弗龙堡前不久刚刚出版的。雷蒂克知道，这本书一定是哥白尼非常需要的。哥白尼只读过这本书的拉丁语译本，为获取新出版的非常畅销的托勒密的书，哥白尼曾经做过许多努力。雷蒂克是从他的老师——维滕贝格大学一位哲学、天文学和医学教授手里获得这本书的。雷蒂克带来的书籍使哥白尼了解到最新的出版情况，搜集了材料，并对自己的著作进行了一些修改。

雷蒂克到哥白尼处不久就病倒了，阅读哥白尼著作的事情也被迫中断。其间，哥白尼周围的气氛是沉闷的，安娜·希林事件已经闹得满城风雨，现在又来了一位新教学者雷蒂克，这就更加引人猜疑。就在这时，海乌姆诺主教蒂德曼·吉斯从卢巴瓦向哥白尼发出了邀请。哥白尼和他的学生愉快地接受邀请，到卢巴瓦去住了几周。

雷蒂克很快发现了哥白尼的著作所拥有的巨大科学价值。于是，出版这些著作就成了他们在卢巴瓦交谈的主要话题。雷蒂克在海乌姆诺主教那里找到了盟友，两人一道劝说哥白尼，劝他把自己的著作公之于世。起初，哥白尼仅同意发表天文观测图表，因为这一点他曾向伯纳德·瓦波夫斯基做过许诺。老朋友和年轻学生的说服工作终于奏效，哥白尼同意出版自己的著作。哥白尼在致教皇保禄三世的信中曾经写道，正是由于吉斯的敦促，他才决定发表此书。

从卢巴瓦回来以后，雷蒂克便开始为出版哥白尼的著作铺路，他要让哥白尼在天文学界、大人文主义者中获得良好声誉。1540 年，雷蒂克在格但斯克出版了一本献给自己老师——纽伦堡的天文学家、占星学家和地理学家的书。这本书的书名很长：《致光荣的大师扬·绍内尔先生，一位年轻的数学爱好者谈托伦人、瓦尔米亚神甫、学识非常渊博的大师、杰出的数学家圣尼古拉·哥白尼博士先生有关旋转运动的几卷书，初讲》。在这篇《初讲》中，雷蒂克介绍了《天体运行论》的基本论点，强调了这些论点的新颖性。《初讲》介绍了《天体运行论》第一卷前十章的内容，其中也写了雷蒂克直接了解到的有关哥白尼生活的一些趣闻，以及有关出版哥白尼著作的客观条件。在书中，学生对自己的老师表示了最大的尊敬和崇拜，他将哥白尼称为自己的大师。在大家都了解的情况下，他出于尊敬，从不直呼哥白尼的姓名。

雷蒂克在自己的《初讲》中阐述了哥白尼著作中各章节的内容。在正文的结尾处，他写道："真理必胜。勇敢必胜。让科学永远得到尊重吧。愿每一位大师都在自己的艺术中揭示出一些有益的东西，并且逐步把它们展示出来，以便使人们可以随时看到：他探索的仅仅是真理。我的导师任何时候都不惧怕那些值得尊重的和学者们的评论，相反，他很乐意倾听这种评论。"雷蒂克是第一个发现哥白尼学说对科学发展具有划时代意义的学者。他撰写《初讲》时的一个想法是：要为哥白尼的事业争取支持，而不去伤害任何人。他要争取的对象主要是人文主义者。因为哥白尼推翻了托勒密和许多其他古代学者的基本论点，揭示了另外一些被学者遗忘的正确观点，这在当时是很危险的。他有可能被那些敏感的崇拜古代学者和哲学家的人文主义者看成是反人文主义者。雷蒂克想事先排除这种可能性，所以他特别强调了哥白尼和古代科学的联系，并且指出："博士先生"正是在发展古代学者的思想和修正他们的错误。

雷蒂克本想再写一篇"第二讲"，但没能来得及，于是他又在《初讲》中加入了对普鲁士的描述和赞美。他对普鲁士风土人情的描写颇为风趣、充满夸张和丰富的想象。雷蒂克的《初讲》成了科学界中的重要事件，引起天文学家、数学家、哲学家和其他人文主义者的强烈兴趣。这本书很快再版，也使哥白尼迅速闻名遐迩。

与此同时，仇视哥白尼的人也在伺机活动。其中有一个叫威廉·格纳弗乌斯的人，他是埃尔布隆格的中学校长。1541年，他创作了一部喜剧，其中不指名地嘲讽了哥白尼。这个剧本的名字很长，叫《论真正的和虚假的聪明——像虔诚的聪明小丑一样滑稽可笑的剧》。不久，这出戏就被搬上埃尔布隆格剧院的舞台。剧作者还给雷蒂克寄去了剧本，大概是想让他给哥白尼看看。这出喜剧是在1531年狂欢节上演过的一出同样讽刺哥白尼的闹剧基础之上写成的。

剧作者在这里有意回避了哥白尼的名字，因为他担心会招来神甫会和瓦尔米亚主教方面的干预，而埃尔布隆格是受神甫会和瓦尔米亚主教管辖的。这出喜剧的剧情是一个蠢人要给人们呼风唤雨的神话，旁白中的几句话显然是影射哥白尼的。其中有这样一句："可我确实不知道，是公布这个预言呢，还是保持缄默？"第二句是关于哥白尼学说的。剧中的一个主角对正在讲授自己理论的聪明小丑说："怪哉，这里无需擎天的阿特拉斯了。"第一句说的大概是哥白尼因担心别人不理解，希望把自己的著作和发现隐藏起来；而第二句说的则是日心说，这个学说把各行星都"拉"回了自己的位置，这样一来，古代神话中支撑着地球的巨神阿特拉斯也就失去用武之地，成为多余的了。这出戏的结尾还有一句更加露骨影射哥白尼的话："他认为自己是值得人们尊敬的，因为他是一位博士。"这出喜剧深深地刺痛了哥白尼。但是，这出闹剧并没有给剧作者带来任何荣耀。几年之后，根据瓦尔米亚主教和波兰国王的要求，撤销了他在埃尔布隆格中学的校长职务，随后他隐居在柯尼斯堡阿尔布雷希特大公的官邸里。但在那里，他也没有待多久，就被路德派信徒赶走，最后被迫返回荷兰老家。

雷蒂克通过在科学界和政界的知名人物中宣传介绍哥白尼学说的《初讲》，对格纳弗乌斯的诽谤和中伤进行了针锋相对的反驳。哥白尼的其他朋友也向一些有影响的人物邮送了一些《初讲》，蒂德曼·吉斯主教还把一本《初讲》寄给了普鲁士大公阿尔布雷希特，同时还附了一封雷蒂克写给他的推荐信。雷蒂克利用在柯尼斯堡逗留的机会宣传了哥白尼学说。他还成功地说服阿尔布雷希特大公给普鲁士公国学者和出版商写了几封推荐信。根据雷蒂克的建议，哥白尼还给纽伦堡的安德烈亚斯·奥西安德写了一封信，希望他能帮助解决一下自己著作的出版问题。由于雷蒂克《初讲》的影响，好几位出版商提出愿意出版哥白尼的著作。其中一位是扬·佩特赖乌斯，他给雷蒂克写了一封热情洋溢的信，信中对雷蒂克的智慧和强烈的求知欲倍加赞美。这位出版商的目的是希望雷蒂克劝说哥白尼把他的著作交给他、由他出版。在这期间，安德烈亚斯·奥西安德从纽伦堡回了信。他的同意出版附有一个条件，即要在哥白尼著作的序言里注明：哥白尼的观点是未经证明的论断，只是假设，全部理论都是假设。奥西安德想借助这种办法缓和逍遥派哲学家和神学家们可能的反对态度。奥西安德在写给雷蒂克的信里也提出了类似的建议。奥西安德确实是想用比较温和的说法赢得更多人文主义者的支持，其中包括摒弃哥白尼学说的菲利普·梅兰希通的支持。但哥白尼丝毫没有对奥西安德妥协，因为他不想放弃自己的学说，也不想用假设来掩盖那些他业已证明过的论点。

获悉哥白尼要出版著作，丹蒂谢克主教找到哥白尼，建议哥白尼把他的一篇题词加进哥白尼的著作中去。哥白尼想到不久前所蒙受的侮辱，冷冷地回答道：

> 我收到了阁下的来信，写得非常客气，热情洋溢。您还随信把专为我书写的题词赐给我。这篇题词写得非常精彩和恰如其分，这不只是为我的功绩所写，它出自阁下对科学爱好者所固有的特别关心。因此，我将把阁下的题词放在我的著作的前面，如果和我的著作相称，能赢得这样美好装潢的话。学生们倒是常常对我说，这部著作有点儿价值的，应该听听他们的意见……

从丹蒂谢克的这篇题词中可以看到，这是主教对哥白尼这位老神甫的一种和解表示。丹蒂谢克了解哥白尼著作的价值，但并未预见到它会受到谴责。发现哥白尼的理论在当时引起普遍兴趣，预示着哥白尼的声望必将迅速扩大、不会遇到任何阻力。丹蒂谢克收到了几封知名人士的信，信上都谈到哥白尼著作的问题。

丹蒂谢克是哥白尼的上司，凡知道丹蒂谢克曾是一位杰出的人文主义者的人，都认为他是哥白尼著作的保护人，并且希望他能担起出版这部天文学著作的义务。事实上，外人并不了解这位主教与哥白尼之间发生的过节，也不了解这位不久前还不承认教条的人文主义者已经转投机会主义和保守主义立场去，正在仇视无拘无束的自由思想。

在瓦尔米亚和普鲁士待了两年多之后，雷蒂克在1541年初秋返回维滕贝格。启程前，为了感谢阿尔布雷希特大公在普鲁士公国给他的热情接待以及在该国名人面前对他的举荐，雷蒂克把自己在弗龙堡逗留期间绘制的普鲁士及其几个邻国的地图，以及手写的关于地图绘制术的论文留给了阿尔布雷希特大公。在寄给阿尔布雷希特大公的信中，雷蒂克还向他推荐了哥白尼的著作。雷蒂克写道："同样，借助可尊敬的伟大学者尼古拉·哥白尼博士先生令人赞叹的著作，我们将能准确计算时间和一年的长度，还可以了解太阳、月亮和所有星球是怎样运行的……"

毫无疑问，这张地图反映了哥白尼所掌握的绘制地图的知识。这张地图是雷蒂克在哥白尼监督和帮助下绘制的。哥白尼在这方面很有经验，他已经几次给普鲁士绘制地图了。为了对获得这张地图、制图仪器和地图绘制术论文表示感谢，阿尔布雷希特向雷蒂克回赠了礼品。在欢送宴会上，一位大公针对哥白尼和雷蒂克说了这样一句玩笑话："当心，葡萄酒会从酒罐中洒出来！"这明显是在暗示雷蒂克在宴会上所宣传的哥白尼有关地球旋转的学说。由于雷蒂克的机敏，哥白尼从前的敌人——阿尔布雷希特大公竟然成了哥白尼学说的庇护人。

雷蒂克满怀希望地回到维滕贝格，相信他老师的学说不久就会传遍全世界，所有人都会把他最近揭示和传播的理论看成是永恒的真理。然而，出乎意料，他遇到的却是令人痛心的失望。他发现人们对他在《初讲》中所阐述的思想并未表现出热情，有的甚至持敌视的态度。德意志信仰新教的地区对哥白尼的学说及其宣传者采取敌视态度，正是受路德教领导人马丁·

路德和菲利普·梅兰希通的影响。在1541年10月16日，梅兰希通这样写道："某些人以为，像那个萨尔马特天文学家那样，制定一个推动地球和遏止太阳的荒谬理论是很有意思和合适的。确实，聪明的统治者应该容忍无才者的轻率……我们的眼睛告诉我们，天在旋转……然而，这里有人，或者出于好奇，或者想拿自己的天才进行投机，正在捉摸地球的运动……"为了证明自己是有道理的，梅兰希通引用了《圣经》里的话。"在第一章就宣告：'大地常在，太阳升起，太阳落下。'我们深信，上帝的话引导我们通向真理，我们决不允许那些以为把混乱引入科学就会使自己的天才受到赞扬的人来蒙骗我们……"

马丁·路德也说了类似的话，雷蒂克不能在维滕贝格大学宣传自己的老师哥白尼的观点，甚至在他担任了人文学系主任的时候也不能。路德派严厉的审查制度使他感到无法容忍，于是便不顾梅兰希通的劝阻，毅然决定离开维滕贝格到其他地方去。雷蒂克宣传的哥白尼学说得到维滕贝格大学数学教授伊拉兹姆·莱因霍尔德一定程度的理解。

几乎在同一时期，哥白尼的工作赢得了克拉科夫大学学术界的好感。1542年9月27日，布科沃的艾伯特·卡普里努斯在致塞缪尔·马切约夫斯基主教的信中这样写道："相信您的英明会恩准我支持和关心克拉科夫最引以为自豪的那些学科。因为该城因出了一些天才人物而驰名，这些天才把这些学问传播出去，并使之放射光彩……许多知名的人物正在德国教授他们从克拉科夫大学学到的数学知识，在有名望的人中，我荣幸地列举瓦尔米亚的神甫尼古拉·哥白尼，他曾经在克拉科夫大学学习，他的数学著作令人赞赏，甚至已经在准备出版。他的知识首先是从我们这所大学学到的，这所大学是他最早的知识源泉。这一点连他自己也承认，说一切都要感谢我们大学……”毫无疑问，这是一个明显证据，证明哥白尼直到死都承认：克拉科夫大学在他所受教育和他科学观点的形成中起了决定性作用。

维滕贝格知识界对雷蒂克宣传的哥白尼学说采取的不支持态度并没使雷蒂克气馁。当他明白在维滕贝格无法出版老师的主要著作的时候，便毅然离开维滕贝格到了纽伦堡，他在纽伦堡有许多朋友。然而，在那里他同样失望，因为绍内尔也对哥白尼采取了不支持的态度，甚至怀疑哥白尼抄袭了他出版的缪勒的《三角学》中的内容。因为恰好在同一时期雷蒂克在维滕贝格出版了哥白尼有关三角的论文，绍内尔并不了解，哥白尼在自己的教学研究中得出了一些与缪勒一致的结论，哥白尼事先根本就不知道缪勒的那本著作。在这种情况下，雷蒂克不再指望绍内尔帮他联系出版事宜。从这时开始，这两位学者之间的友谊宣告结束。

最后，雷蒂克把哥白尼的手稿交给了纽伦堡的出版商扬·佩特赖乌斯，开始筹备印刷。雷蒂克在纽伦堡只是短暂停留，解决好同出版老师著作有关的问题之后就到莱比锡去了，在莱比锡当时很有名气的大学担任教授职务。离开纽伦堡后，他对哥白尼著作的筹备出版工作自然也就无法施加影响了。1542年7月再回纽伦堡时，他发现出了问题，但要改正已经为时过晚。雷蒂克在莱比锡讲授数学的时候，出版哥白尼著作的问题由安德烈亚斯·奥西安德直接负责，他以前曾经建议哥白尼按他的主张出版，把书中阐述的理论仅仅作为一种假设。正如我们所知，哥白尼当时就拒绝了奥西安德的建议。而这次，奥西安德利用雷蒂克不在场的情况，不顾哥白尼的反对立场，强行按自己的意愿篡改了哥白尼的原作。首先，他把书名《运行》改为《天体运行论》，同时用自己名为《谈谈本书的假设》的序言取代了哥白尼致教皇保禄三世的一封信。奥西安德随心所欲地伪造和篡改了哥白尼的思想。他将哥白尼的论断说成是虚无的假设，与事实毫无共同之处，并对其任意加以批判。奥西安德在序言中写道："没必要让这些假设都是事实或者接近事实，只要它们如实地反映观测结果就行了。只有对几何学和光学缺乏了解的人才会认为金星本轮是可信的……这部学说中还有其他一些同样荒谬的东西。因为十分明显的是，这部学说完全或者根本就不知道运动表面平衡的原因……为此，我们可以说，旧学说中的这些新假设，也丝毫不比旧的更可信；相反，它们是令人惊奇的和粗浅的。"不仅奥西安德，甚至连印刷匠也毫无顾忌地加以篡改，而这一切都是得到佩特赖乌斯所允许的。他们在出版哥白尼著作时不想得罪梅兰希通和路德，于是便按照梅兰希通的天文学观点篡改哥白尼的文章。当时，哥白尼离纽伦堡很远，并且已经被重病撂倒，而雷蒂克正在其他城市寻找幸福。哥白尼的著作出版后，雷蒂克便离开德国到世界各地周游，最后在克拉科夫定居，并成为那里的一位著名人物。

这期间，饱经风霜、备受折磨、将近 70 岁的哥白尼在 1542 年深秋得了一种致命的疾病，处于瘫痪和绝望状态的哥白尼在雷蒂克赠给他的一本书上写了这样几句话："生命的短暂、思想的迟钝、麻木的粗心和徒劳的忙碌使我们无法获取更多的知识。而我们所知道的东西，随着时间的流逝也在逐渐忘却了……多么可憎和可怖的忘性呵！”

哥白尼作为一位医生，知道自己的病好不了，便决定把自己的神甫职位交给自己的外甥扬·洛伊特施，让他提前当了修士。

哥白尼的健康状况一天天恶化，康复的希望也日益渺茫，他的生命快要终结。

正值哥白尼的著作印制完成，塞巴斯蒂安·库什来到纽伦堡为神圣罗马帝国皇帝查理五世采购科学书籍。于是，他就在结束印刷的1543年3月21日买下了哥白尼这部提出不同观点的著作，并把它寄给了皇帝，同时附上一封信。信中这样写道：

> 尼古拉·哥白尼是一位数学家，他撰写了六卷关于天体运行的书，这些书最近刚印完……我决定把它们给阁下寄去，因为我知道皇帝阁下是数学爱好者，看看并了解一下这位作者的意见和幻想是蛮有趣的……

由此可见，这部天才著作出版后的首批读者中就有一位皇帝，人们把这部著作当做一种有趣的科学幻想推荐给他。首批读者中也有哥白尼的朋友们以及许多其他杰出人物。雷蒂克和佩特赖乌斯把这部刚出版的著作寄给了那些焦急等待着这部书的人。有几本传到了瓦尔米亚，收到这部书的是蒂德曼·吉斯和耶日·唐纳。唐纳直到最后时刻也很关心哥白尼，然而他却没有急着把这部书送给已经奄奄一息的作者。哥白尼在生命的最后一天用冰冷的手捧着自己的著作。那一天是1543年5月24

日。哥白尼死于脑出血和右半身瘫痪，几天前他已经失去知觉，丧失了视力和听力。哥白尼死的时候，蒂德曼·吉斯不在身边，他当时正在克拉科夫参加波兰国王齐格蒙特·奥古斯特的结婚大典。7 月 26 日，吉斯在致雷蒂克的信中写道：

“哥白尼到去世的那一天才看到自己的完整著作，随后结束了最后一息。完全可以把这部著作视为他逝世前出版的，因为年份是对的，而印刷者又没填写印完的日期。”

哥白尼被安葬在弗龙堡的大教堂里，但具体位置并不清楚。据多方推测，他的遗体可能埋在他生前主持过的祭坛下面，可惜又不知道哪一个祭坛是他生前主持过的。哥白尼的墓碑是 40 年后由瓦尔米亚主教马尔钦·克罗默主持建造的，当时哥白尼的亲人对他的记忆早就淡去了，而哥白尼生前的朋友也早已全部去世。

哥白尼生前把自己收藏的大约 40 本书送给了神甫会图书馆：医学书交给了利兹巴克的主教图书馆，其中的几本送给了费比恩·埃默里奇医生。关于哥白尼的遗嘱我们只知道一点：他把一定数量的钱留给了自己外甥女里贾娜的七个孩子。6 月 1 日，神甫会把哥白尼居住的塔楼以 30 格日夫那的价钱卖给了阿哈希·特伦克神甫，而哥白尼的住宅则被耶日·唐纳神甫用 100 格日夫那买去。

甚至在哥白尼去世以后，安娜·希林的问题仍未解决。按照丹蒂谢克主教的旨意被驱逐的安娜·希林，听到哥白尼病重的消息后又返回弗龙堡；后来获悉哥白尼病故的噩耗后，又再次回来。

此后，安娜·希林——这位在哥白尼生活中占有位置的唯一女性便销声匿迹了。

老年的哥白尼

哥白尼在世时以及他去世后的几十年中，他的学说只赢得了为数不多的拥护者。虽然他的成就和计算结果已经被别人所采用，但他的日心说却始终没有得到承认。哥白尼去世后，蒂德曼·吉斯曾竭力经管他的著作问题。吉斯不同意出版者那种明目张胆的篡改，出版中大量的错误也使他无法容忍。他在寄给雷蒂克的信中说，他已经要求纽伦堡市议会惩罚有罪之人，并强制出版者改正错误，恢复原著的本来面目。

佩特赖乌斯把哥白尼的著作当做一笔有利可图的生意，他不愿再冒风险去进行什么修改，再说他排印的这种说法是符合菲利普·梅兰希通的主张的。仅仅在尚未售出的那部分书里添加了一个勘误表，用来更正由于疏忽所造成的印刷错误。这本书的价格十分昂贵，据史料记载，莱比锡大学人文学系花了28杜卡特和6芬尼购入了一本《天体运行论》。

迟到的声誉

即使哥白尼亲朋好友的相继离世，哥白尼的发现也不会被遗忘。当时人们所不能理解的是，他们长期坚持的思想竟然是不可靠的，地球确实在神不知鬼不觉地旋转着。虽然哥白尼的学说未能被承认，但他编制的天文图表和所做的计算已经被采用。有人仅把哥白尼发现的真理看做是一种可能，仅仅是理论研究所需要的假设。在瓦尔米亚知识界，除了哥白尼最亲密的朋友，大概只有丹蒂谢克主教充分评价了哥白尼这一发现的意义。但是由于他忙于和宗教改革作斗争，没有积极尽力宣扬自己天才下属的学说，况且，他和哥白尼还发生过争吵。丹蒂谢克的继承人斯坦尼斯瓦夫·霍兹尤什是反宗教改革运动的重要领导人，他对哥白尼的学说断然采取了不赞成的态度。在他任职期间，哥白尼这个人及其事业几乎已经被人遗忘了。随着马尔钦·克罗默就任瓦尔米亚主教，围绕着纪念哥白尼的问题，才出现了一种利于传播哥白尼理论的气氛。克罗默主教于 1581 年出资在弗龙堡大教堂为哥白尼建造了纪念碑。哥白尼学说的首批信仰者不时到弗龙堡参观和凭吊，这引起了弗龙堡神甫会成员对这位早已去世的神甫的怀念和崇敬。于是，便开始搜集和保护哥白尼遗留下来的一些可资纪念的文物。

哥白尼最早收获的崇拜者之一是丹麦学者第谷·布拉赫。他在1584年把自己的学生派到弗龙堡，以便能够在那里考察验证哥白尼所做的一些计算，并搜集有关哥白尼的文物。他曾经写诗赞颂哥白尼，并在自己的观测站里悬挂哥白尼的画像。实际上，他对哥白尼的理论并不是全部赞成，但他促进了哥白尼学说的推广。充分理解哥白尼学说意义的是德国学者约翰内斯·开普勒。他也是获知奥西安德篡改活动的第一位学者。他成功地得到了一本未经篡改的《运行》原著以及奥西安德写给哥白尼和雷蒂克的信件。开普勒不仅理解了哥白尼的理论，而且又把它向前推进了一步，他发现并解释了地球的第三种运动。一种流行的说法认为开普勒在1618年5月15日曾经说过：他掌握了“宇宙的奥秘”，因为他发现了行星距离同它们运行周期之间的联系。哥白尼直观地感觉到了这一点，但并没有加以归纳和总结。

同一时期，在意大利，伽利略也在从事天文研究，他为哥白尼的理论找到了无可辩驳的论据。1597年，伽利略给开普勒写了一封信，信中说：

伽利略发明的折射式望远镜

我接受哥白尼的理论已经许多年了，并提出书面论据批驳反对哥白尼理论的人。但我没敢把它们公开发表，我被哥白尼的遭遇吓住了。哥白尼虽然赢得了几位不朽思想家的赞同，但在人们眼中，他却成为被嘲笑的对象。如果大多数人都能像你这样的话，那我也就有勇气发表我的看法了。

伽利略的这架望远镜让人类望向了太空

在伽利略开始公开宣传哥白尼的学说和自己的发现以后，尽管有几位耶稣会数学家和后来的教皇乌尔巴诺八世承认他有道理，但伽利略最终还是遭到了宗教法庭的审判，被指责宣传异端邪说，并迫使他放弃自己的观点。不管怎样，伽利略发表的著作使哥白尼的学说在大辩论中获取了胜利。年轻的学者布鲁诺因为信仰哥白尼的学说被活活烧死，但他临危不惧，面对死亡也没有放弃对科学真理的信仰。

在波兰首都克拉科夫，人们一直没有忘记哥白尼。克拉科夫大学的教授扬·布罗热克沿着哥白尼的足迹经托伦到了瓦尔米亚。他搜集到哥白尼遗留下的各种纪念物，有原本的，也有伪造的，其中有哥白尼写的几本书和他的部分信件。布罗热克在弗龙堡还发现一部献给哥白尼的诗作，名为《七颗星》，后来布罗热克将它公开发表了。由于他对哥白尼的多才多艺非常钦佩，便散布了一个传说，该传说一直流传至今。传说哥白尼建设了一条运河和自来水设施。根据所搜集的材料和信息，是布罗热克写了第一篇内容翔实的哥白尼传记。可惜，布罗热克从瓦尔米亚搜集到的有关哥白尼的材料，在他去世后又遗失了。与瑞典人的战争打破了瓦尔米亚的宁静。1626—1630 年，瑞典人洗劫了这一地区，并把哥白尼遗留的许多文物，主要是书籍和信件运到了瑞典，这些文物至今仍保存在斯德哥尔摩和乌普萨拉。当有人指责哥白尼的学说是不忠诚的邪说时，布罗热克积极热情地捍卫了哥白尼学说。他在克拉科夫热情地宣传了哥白尼——这位天才的学者、克拉科夫大学的骄傲。

对哥白尼发生兴趣的不仅仅是信仰他学说的人。随着反宗教改革运动的发展，教会开始严厉清算每一个发表过违背教会学说言论的人。欧洲到处都燃起了火刑柱，唯有波兰成了当时欧洲最自由的国家，尽管反宗教改革运动在这里也很盛行。哥白尼在世时，就有人指责哥白尼不忠于正统的教会学说。宗教改革的领导人路德和梅兰希通对哥白尼学说也采取了否定的立场。处处都弥漫着一种敌视哥白尼的气氛。

科学殉道士布鲁诺

16 世纪下半叶，当布鲁诺开始宣扬哥白尼理论的时候，这种敌视气氛更加浓厚了。因为布鲁诺做宣传使用的不是数学家的语言，而是广泛的社会阶层更容易理解的哲学家的语言。因此，教会将布鲁诺的宣传当做巨大危胁，并对他采取了迫害行动。起初的迫害对象只是哥白尼理论的信仰者，一段时间之后，哥白尼的著作也成为被迫害的对象，被划入禁书之列。神学家们对哥白尼的学说作了这样的裁决：

> ……所列举的这些看法是愚蠢的，从哲学角度看是荒谬的，形式上是异端的，许多地方明显违背《圣经》的说法……

1616年3月5日，负责禁书事务的圣主教会议对哥白尼的著作作了下述结论：

> 主教会议获悉，尼古拉·哥白尼在《天体运行论》中提出的关于地球运动和太阳休息的、违背《圣经》的、毕达哥拉斯信徒式的伪劣学说已经传播开来，并且已经被许多人所接受。主教会议认为，为了不使这种学说进一步蔓延，危害天主教真理，有必要对其加以禁止……直到它得到修正为止。

在此基础上，教皇保禄五世发出指示，把哥白尼的著作列入禁书目录。这虽然不是指他的全部著作，但却有那些包含了基本论点的书。负责禁书事务的圣主教会议认为，知名占星学家尼古拉·哥白尼有关天体运行的著作应该受到完全的谴责，因为它阐述的地球位置和运动原则是与《圣经》背道而驰的。他的真正天主教徒式的解释并不是假设式的（这对一个基督教徒来说，起码是不能容忍的)，他甚至胆敢把这些理论说成是最真实的。然而，因为哥白尼著作中包含了许多对公众有益的东西，所以会议一致决定："迄今所印制的哥白尼的著作是可以允许的……如果能够按所附的样板加以修订的话……今后无论何时，如果需要再印刷时，不允许有其他形式，必须事先把指出的地方加以修正，并且把这个意见排印在哥白尼的序言之前。"

主教会议就这样对哥白尼的著作作了比当时奥西安德大得多的歪曲和篡改。教会通过这种方法遏止了哥白尼学说的传播，但并没有推翻它。此后，哥白尼学说逐渐赢得了人们的信任，人们在天文观测和研究工作中所取得的进展，迫使教会不得不在300年后最终把《天体运行论》一书排除在禁书之外。1822年9月26日，教皇庇护七世批准颁布了一个教令，其中说道：

> 那些讨论地球运转和太阳静止不动的著作，根据目前天文学家们的一致意见，准予印行。

此前，尽管有教会的禁令，人们仍然在秘密地传阅伟大天文学家哥白尼的著作。在他的祖国，人们从来没有把他遗忘。18世纪末波兰丧失独立后，哥白尼成为知识界爱国学者的象征，人们把他作为伟大的波兰人加以纪念。扬·希尼亚德茨基为推广哥白尼学说做了大量工作。1781年，他发表了颂扬哥白尼的演讲。几年之后，他又发表了一篇宣传哥白尼的学术论文，这篇论文后被许多国家翻译出版。

1802年8月12日，华沙科学之友协会的两名成员——塔德乌什·查茨基和马尔钦·莫尔斯基从柯尼斯堡给希尼亚德茨基写了一封信，信中说：

> 在我们搜集衰亡祖国的纪念文物的路上，也寻找到了有关哥白尼的文物。我们的发现虽然不多，但我们还是把它搜集起来了，一方面是我们有这个愿望，另一方面也是为防止它落入破坏哥白尼作品的那些人手中……

这是自布罗热克之后，到瓦尔米亚搜集哥白尼文物的第二次科学考察。法国皇帝拿破仑的行动进一步提高了哥白尼的威望。拿破仑在托伦逗留期间曾向哥白尼表示敬意，他参观了哥白尼故居，并要求审议会修复保存下来的哥白尼的文物。由于斯坦尼斯瓦夫·斯塔希茨的努力，华沙王国议会决定在托伦建造一座哥白尼纪念碑。募集到资金，并且举行了奠基仪式，而纪念碑却未能建造起来，因为在维也纳会议之后托伦城已沦于普鲁士王国管辖。然而，斯坦尼斯瓦夫·斯塔希茨并没有放弃自己的主张，1830 年终于在华沙竖起了哥白尼纪念碑，它使波兰人在艰难的被奴役时期怀想自己伟大的同胞。在希特勒占领时期，占领者在哥白尼纪念碑上挂了一个牌子，上面写道："哥白尼是最伟大的德国天文学家。"虽然有党卫队的岗哨在监视着，但这块牌子还是让反抗军的士兵给摘掉了。

1854 年，在哥白尼诞辰 400 周年的时候，波兰首次在华沙出版哥白尼的著作，这是历史上的第四次出版。第二次是 1566 年在瑞士巴塞尔出版的，第三次是 1617 年在阿姆斯特丹出版的。这次出版的波兰语版由扬·巴拉诺夫斯基翻译。这个波兰

哥白尼博物馆

语版本还附有原拉丁语书名、雷蒂克的《初讲》、哥白尼有关货币的论文及其他一些短小的文章。正是巴拉诺夫斯基把奥西安德的歪曲和篡改从哥白尼的著作中剔除出去了，从此世人才真正看到哥白尼当初交到出版商手里的原著。哥白尼的手稿也几经波折，起初为雷蒂克所有，雷蒂克死后又几次易手，最后于 17 世纪末流落到布拉格的一家图书馆里。1953 年，这份手稿被归还波兰，目前收藏在雅盖隆图书馆里。

即使在哥白尼学说处境最困难的时期，哥白尼那不平凡的智慧也受到了充分肯定。哥白尼一直被看做是杰出的数学家和天文学家，但是因为他的学说和《圣经》的几个段落相矛盾，所以当时没有被承认。当然，从后来的科学进程看，哥白尼的观点也不全部是正确的，他的后继者们对他的学说做了许多补充和修改。但是，哥白尼理论中最重要的部分，经过反复多次研究和观测，仍然被证明是完全正确的。

第五篇 《天体运行论》精彩选读

我越是在自己的工作中寻求帮助，就越是把时间花在那些创立这门学科的人身上。我愿意把我的发现和他们的发现结成一个整体。

——哥白尼

《天体运行论》原序

圣父啊，我能够容易地想象到，某些人一旦听到在我所写的这本关于宇宙中天球运转的书中我赋予地球以某些运动，就会大嚷大叫，宣称我和这种信念都应当立刻被革除掉。但是我对自己的见解并没有迷恋到如此地步，以至于愿别人对它们有什么想法。我知道，哲学家和思维并不受制于一般人的判断。这是因为他努力为之的是在上帝对人类理智所允许的范围内，寻求一切事物的真谛。我认为应当摆脱完全错误的观念。我早已想到，对于那些因袭许多世纪的成见、承认地球静居于宇宙中心的人们来说，如果我提出针锋相对的论断，即地球在运动，他们会认为这是疯人呓语。因此我自己踌躇很久，是否应当把我论证地球运动的著作公之于世，还是宁可仿效毕达哥拉斯以及其他一些人的惯例，把哲理奥秘只口述给至亲好友，而不著于文字——这有莱西斯给喜帕恰斯的信件为证。我认为，他们这样做并不是像有些人设想的那样，怕自己的学说流传开后会产生某种妒忌。与此相反，他们希望这些满怀献身精神的伟大人物所取得的非常美妙的想法不致遭到一些人的嘲笑。那些人除非是有利可图，或者是别人的劝诫与范例鼓励他们去从事非营利性的哲学研究，否则他们就懒于进行任何学术工作。由于头脑的愚钝，他们在哲学家中间游荡，就像蜜蜂中的雄蜂一样。当我把这些情况都仔细斟酌的时候，害怕我的论点由于新奇和难于理解而被人蔑视，这几乎迫使我完全放弃我已着手进行的工作。

可是当我长期犹豫甚至经受不住的时候，我的朋友们使我坚持下来，其中第一位是卡普亚的红衣主教尼古拉斯·冯·勋伯格，他在各门学科中都享有盛名；其次是挚爱我的蒂德曼·吉斯，他是海乌姆诺地区的主教，专心致力于神学以及一切优秀文学作品的研究。在我把此书埋藏在我的论文之中，并且埋藏了不是九年，而是第四个九年之后，他反复鼓励我，有时甚至夹带责难，急切敦促我出版这部著作，让它公之于世。还有别的为数不少的很杰出的学者，也建议我这样做。他们规劝我，不要由于我所感到的担心而谢绝让我的著作为天文学的学生们共同使用。他们说，目前就大多数人看来，我的地动学说越是荒谬，将来当最明显的证据使迷雾消散之后，我著作的出版就会使他们感到更大的钦佩和谢意。于是，在这些有说服力的人们和这个愿望的影响下，我终于同意了朋友们长期来对我的要求，让他们出版这部著作。

然而，教皇陛下，您也许不会感到惊奇，我已经敢于把自己花费巨大劳力研究出来的结果公之于世，并不再犹豫用书面形式陈述我的地动学说。但您大概想听我谈谈，我怎么会违反天文学家的传统论点并几乎违反常识，竟敢设想地球在运动。因此我不打算向陛下隐瞒，只是由于认识到天文学家们对天球运动的研究结果不一致，这才促使我考虑另一套体系。

首先，他们对太阳和月球运动的认识就很不可靠，以致他们甚至对回归年都不能确定和测出一个固定的长度。其次，不仅是对这些天体，还有对五个行星，他们在测定其运动时使用的不是同样的原理、假设以及对视旋转和视运动的解释。有些人只用同心圆，而另外一些人用偏心圆和本轮，尽管如此，都没有完全达到他们的目标。虽然那些相信同心圆的人已经证明，用同心圆能够叠加出某些非均匀的运动，然而他们用这个方法不能得到任何颠扑不破的、与观测现象完全相符的结果。在另一方面，那些设想出偏心圆的人通过适当的计算，似乎已经在很大程度上解决了视运动的问题。可是这时他们引用了许多与均匀运动的基本原则显然抵触的概念。他们也不能从偏心圆得出或推断最主要之点，即宇宙的结构及其各部分的真实的对称性。与此相反，他们的做法正像一位画家，从不同地方临摹手、脚、头和人体其他部位，尽管都可能画得非常好，却不能代表一个人的身体。这是因为这些片段彼此完全不协调，把它们拼凑在一起就成为一个怪物，而不是一个人。因此我们发现，那些人采用偏心圆论证的过程，或者叫做“方法”，要么是遗漏了某些重要的东西，要么就是塞进了一些外来的、毫不相干的东西。如果他们遵循正确的原则，这种情况于他们就不会出现。如果他们所采用的假设并不是错误的，由他们的假设得出的每个结果都无疑会得到证实。即使我现在所说的也许是含混难解的，它将来在适当的场合终归会变得比较清楚。

于是，我对传统天文学在关于天球运动的研究中的紊乱状态思考良久。想到哲学家们不能更确切地理解最美好和最灵巧的造物主为我们创造的世界机器的运动，我感到懊恼。在其他方面，对于和宇宙相比极为渺小的琐事，他们却考察得十分仔细。由于这个缘故，我不辞辛苦重读了我所能得到的一切哲学家的著作，希望了解是否有人提出过与天文学教师在学校里所讲授的不相同的天球运动。实际上，我首先在西塞罗的著作中查到，赫塞塔斯设想过地球在运动。后来，我在普鲁塔克的作品中也发现，还有别的一些人持有这一见解。为了使每个人都能看到，我决定把他的话摘引如下：

有些人认为地球静止不动。但是毕达哥拉斯学派的菲洛劳斯相信，地球像太阳和月亮那样，沿着倾斜的圆周绕着一团火旋转。庞都斯的赫拉克利德以及毕达哥拉斯学派的埃克范图斯都主张地球在动，但不是前进运动，而是像一只车轮，从西向东绕它自己的中心旋转。

就这样，从这些资料受到启发，我也开始考虑地球的可动性。虽然这个想法似乎很荒唐，但我知道为了解释天文现象的目的，我的前人已经随意设想出各种各样的圆周。因此我想，我也可以用地球存在某种运动的假设，来确定是否可以找到比我的先行者更可靠的对天球运行的解释。

于是，假定地球具有我在本书后文所赋予的那些运动，我经过长期、认真的研究终于发现：如果把其他行星的运动与地球的轨道运行联系在一起，并按每颗行星的运转来计算，那么不仅可以对所有的行星和天球得出它们的观测现象，还可以使它们的顺序和大小以及天穹本身全都联系在一起，以至不能移动某一部分的任何东西而不在其他部分和整个宇宙中引起混乱。因此，在撰写本书时，我采用下列次序。在第一卷中，我讲述天体的整体分布以及我赋予地球的运动，因此这一卷可以说包含了宇宙的总的结构。然后在其余各卷中，我把别的行星和一切球体的运动都与地球的移动联系起来。这样我就可以确定，如果都与地球的运动有联系，其他行星和球体的运动和出现在多大程度上能够保持下来。我毫不怀疑，精明的和有真才实学的天文学家，只要他们愿意深入地而不是肤浅地检验和思考（这是这门学科所特别要求的）我在本书中为证明这些事情所引用的资料，就会赞同我的观点。但是为了使受过教育和未受教育的人都相信我决不回避任何人的批评，我愿意把我的著作奉献给陛下，而不是给别的任何人，甚至在我所生活的地球上最遥远的一隅。由于您的教廷的崇高以及您对一切文化还有天文学的热爱，您被推崇为至高无上的权威。因此，您的威望和明断可以轻而易举地制止诽谤者的中伤，尽管正如俗话所说："暗箭难防。"

也许有一些空谈家，他们对天文学一窍不通，却自称是这门学科的行家。他们从《圣经》中断章取义，为自己的目的加以曲解，他们会对我的著作吹毛求疵，并妄加非议。我不会理睬他们，甚至认为他们的批评是无稽之谈，予以蔑视。众所周知，拉克坦蒂斯可以说是一位杰出的作家，但不能算做一个天文学家。他很幼稚地谈论地球的形状，并嘲笑那些宣称大地是球形的人。因此，如果这类人会同样地讥笑我，学者们大可不必感到惊奇。天文学是为天文学家撰写的，除非我弄错了。就天文学家看来，我的著作对教廷也会作出一定的贡献，而教廷目前在陛下的主持之下。不久前在利奥十世治下，在拉特朗公会议上讨论了教会历书的修改问题。当时这件事悬而未决，这仅仅是因为年和月的长度以及太阳和月亮的运动测定得还不够精确。从那个时候开始，在当时主持改历事务的福松布罗内地区最杰出的保罗主教的倡导之下，我把注意力转向这些课题的更精密的研究。但是在这方面我取得了什么成就，我特别提请教皇陛下以及其他所有的有学识的天文学家来鉴定。为使陛下不致感到我在夸大本书的用处，我现在就转入正文。

第一卷 引言

在人类智慧所哺育的名目繁多的文化和技术领域中，我认为必须用最强烈的感情和极度的热忱来促进对最美好的、最值得了解的事物的研究。

这就是探索宇宙的神奇运转，星体的运动、大小、距离和出没，以及天界中其他现象成因的学科。简而言之，也就是解释宇宙的全部现象的学科。难道还有什么东西比起当然包括一切美好事物的苍穹更加美丽的吗？这些（拉丁文）名词本身就能说明问题：caelun 和 mundus。后者表示纯洁和装饰，而前者是一种雕刻品。由于天空具有超越一切的完美性，大多数哲学家把它称为可以看得见的神。因此，如果就其所研究的主题实质来评判各门学科的价值，那么首先就是被一些人称为天文学，另一些人叫做占星术，而许多古人认为是集数学之大成的那门学科。它毫无疑义是一切学术的顶峰和最值得让一个自由人去从事的研究。它受到计量科学的几乎一切分支的支持。算术、几何、光学、测地学、力学以及所有的其他学科都对它作出贡献。

虽然一切高尚学术的目的都是诱导人们的心灵戒除邪恶，并把它引向更美好的事物，天文学能够更充分地完成这一使命。这门学科还能提供非凡的心灵欢乐。当一个人致力于他认为安排得最妥当和受神灵支配的事情时，对它们的深思熟虑会不会激励他追求最美好的事物并赞美万物的创造者？一切幸福和每一种美德都属于上帝。难道《诗篇》的虔诚作者是徒然宣称上帝的工作使他欢欣鼓舞？难道这不会像一辆马车一样把我们拉向对至善至美的祈祷？

柏拉图最深刻地认识到这门学科对广大民众所赋予的裨益和美感（对个人不可胜数的利益就不必提了）。在《法律篇》第七卷中，他指出研究天文学主要是为了把时间划分为像年和月这样的日子的组合，这样才能使国家对节日和祭祀保持警觉和注视。柏拉图认为，任何人如果否认天文学对高深学术任一分支的必要性，这都是愚蠢的想法。照他看来，任何人缺乏关于太阳、月亮和其他天体的必不可少的知识，都很难变得神圣或称为神圣。

然而这门研究最崇高课题的、与其说人文的倒不如说是神灵的科学，并不能摆脱困境。主要的原因是它的原则和假设（希腊人称为“假说”）已经成为分歧的源泉。我们知道，和这门学科打交道的多数人之间有分歧，因此他们并不信赖相同的概念。还有一个附带的理由是对行星运动和恒星运转不能作精确的定量测定，也不能透彻地理解。除非是随着时间的推移，利用许多早期的观测资料，把这方面的知识可以说是一代接一代地传给后代。诚然，亚历山大城的克罗狄斯·托勒密，利用400多年的观测，把这门学科发展到几乎完美的境地，于是似乎再也没有任何他未曾填补的缺口了。就惊人的技巧和勤奋来说，托勒密都远远超过他人。可是我们察觉到，还有非常多的事实与从他的体系应当得出的结论并不相符，此外，后世还发现了一些他所不知道的运动。因此在讨论太阳的回归年时，普鲁塔克也认为天文学家至今还不能掌握天体的运动。就以年本身为例，我想尽人皆知，对它的见解总是相差悬殊，以致许多人感觉对它做精密测量令人绝望。对其他天体来说，情况亦复如此。

但是，为了免除一种印象，即认为这个困难是懒惰的借口，我将试图对这些问题进行比较广泛的研究。我这样做是由于上帝的感召，如果没有上帝，我们就会一事无成。这门学科的创始人离开我们的时间越长，为发展我们的事业所需要的帮助就越多。他们的发现可以和我新找到的事物相比较。进一步说，我承认自己对许多课题的论述与我的前人不一样。但是我要深切地感谢他们，因为他们首先开阔了研究这些问题的道路。

第四章 天体的运动是匀速的、永恒的和圆形的或是复合的圆周运动

现在我想到，天体的运动是圆周运动，这是因为适合于一个球体的运动乃是在圆圈上旋转。圆球正是用这样的动作表示它具有最简单物体的形状，既无起点，也没有终点，各点之间无所区分，而且球体本身正是旋转造成的。

可是由于（天上的）球体很多，运动是各式各样的。在一切运动中，最显著的是周日旋转。他们设想，除地球外，整个宇宙都是这样自东向西旋转。这可认作一切运动的公共量度，因为时间本身主要就是用日数来计算的。

其次，我们还见到别的在相反方向上，即自西向东的运转。我指的是日、月和五大行星的运行。太阳的这种运动为我们定出年，月球定出月，这些也都是人们熟悉的时间周期。五大行星也用类似的方式在各自的轨道上运行。

可是，这些运动（与周日旋转或第一种运动）有许多不同之处。首先，它们不是绕着与第一种运动相同的两极旋转，而是倾斜地沿黄道方向运转。其次，这些天体在轨道上的运动看

起来是不均匀的，因为日和月的运行时快时慢，而五大行星在运动中有时还有逆行和留。太阳径直前行，行星则有时偏南，有时偏北，各不相同地漫游。这就是为什么它们叫做“行星”的原因。此外，它们有时离地球近（这时它们位于近地点），有时离地球远（远地点）。

虽然如此，我们还是应当承认，行星是做圆周运动或由几个圆周运动组成的复合运动。这是因为这些不均匀性遵循一定的规律定期反复。若不是圆周运动，这种情况就不会出现，因为只有圆周运动才能使物体回到原先的位置。举例来说，太阳由复合的圆周运动可使昼夜不等再次出现并形成四季循环。这里面应当可以察觉出几种不同的运动，因为一个简单的天体不能由单一的球带动而作不均匀运动。引起这种不均匀性的原因，要不是外加的或内部产生的不稳定性，那就是运转中物体的变化。可是我们的理智与这两种说法都不相容，因为很难想象在最完美状况下形成的天体竟会有任何这样的缺陷。

因此，合乎情理的看法只能是，这些星体的运动本来是均匀的，但我们看来是不均匀的。造成这种状况的原因或许是它们的圆周的极点（与地球的）不一样，也可能是地球并不位于它们所绕之旋转的圆周的中心。

我们从地球上观察这些行星的运转，我们的眼睛与它们轨道的每一部分并不保持固定的距离。由于它们的距离在变，这些天体在靠近时比起远离时看起来要大一些（这在光学中已得证实）。与此相似，由于观测者的距离变化，就它们轨道的相同弧长来说，它们在相同时间内的运动看起来是不一样的。因此我认为，首先必须仔细考察地球在天空中的地位，否则在希望研究最崇高的天体的时候，我们对最靠近自己的事物仍然茫然无知，并且由于同样的错误，把本来属于地球的事情归之于其他天体。

第五章　圆周运动对地球是否适宜？地球的位置在何处？

既然已经说明大地也呈球形，我认为应当研究在这种情况下形状与运动是否也相适应，以及地球在宇宙中占有什么样的位置。如果不回答这些问题，就不可能正确解释天象。诚然，权威们普遍承认地球在宇宙中心静止不动。他们认为与此相反的观点是不可思议的，或者简直是可笑的。但是，如果我们比较仔细地思考一下这件事情，就会发现这个问题尚未解决，因此绝不能置之不理。

每观测到一个位置的变动，它可能由被测的物体或观测者的运动所引起，当然也能够由这两者的不一致移动造成。当物体以相等的速率在同一方向上移动时，运动就察觉不出来，我指的是被测物体和观测者之间的运动察觉不出来。我们是从地球上看到天界的芭蕾舞剧在我们眼前重复演出。因此，如果地球有任何一种运动，在我们看来地球外面的一切物体都会有相同的，但是方向相反的运动，似乎它们越过地球而动。周日旋转就是一种这样的运动，因为除地球外似乎整个宇宙都卷入这个运动。可是，如果你承认天穹并没有参与这一运动而是地球自西向东旋转，那么你通过认真思考就会发现，这符合日月星辰出没视动的实际情况。进一步说，既然包容万物并为之提供栖身地的天穹构成一切物体共有的太空，乍看起来令人不解，为什么把运动归之于被包容的东西而不是包容者，即归于位在太空中的东西而不是太空框架。据西塞罗记载，毕达哥拉斯学派的赫拉克利德和埃克范图斯以及锡拉库萨的希塞塔斯都持有这种见解。他们主张，地球在宇宙的中央旋转，星星的沉没是被大地本身挡住了，而星星的升起是因为地球转开了。

如果我们承认地球的周日旋转，于是就出现另外一个同样重要的问题，这即是地球的位置问题。迄今为止，人们都一致接受宇宙的中心是地球这样一个信念。谁要是否认地球位于宇宙的中心，他就会主张地球与宇宙中心的距离和恒星天球的距离相比是微不足道的，但是相对于太阳和其他行星的天球来说，却还是可以察觉和值得注意的。于是他就可以认为，太阳和行星的运动看起来不均匀的原因在于它不是绕地心，而是绕另一个中心运动。就这样，他也许可以为不均匀视运动找到一个适当的解释。同样的行星看起来时近时远，这件事实确凿地证明它们轨道的中心并非地心。至于靠近和远离是由地球还是由行星引起的，这还不够清楚。

如果除周日旋转外地球还有某种其他的运动，这不足为怪。地球在旋转，它还有几种运动，并且它是一个天体，据说这些都是毕达哥拉斯学派菲洛劳斯的见解。据柏拉图的传记作者说，菲洛劳斯是一位杰出的天文学家，柏拉图急着到意大利去，就是为了拜访他。

然而，许多人认为：用几何学原理可以证明地球位于宇宙的中央；与浩瀚无垠的天穹相比它好像是一个点，正在天穹的中心；地球静止不动，这是因为当宇宙运动时，中心停留不动，而最靠近中心的物体移动最慢。